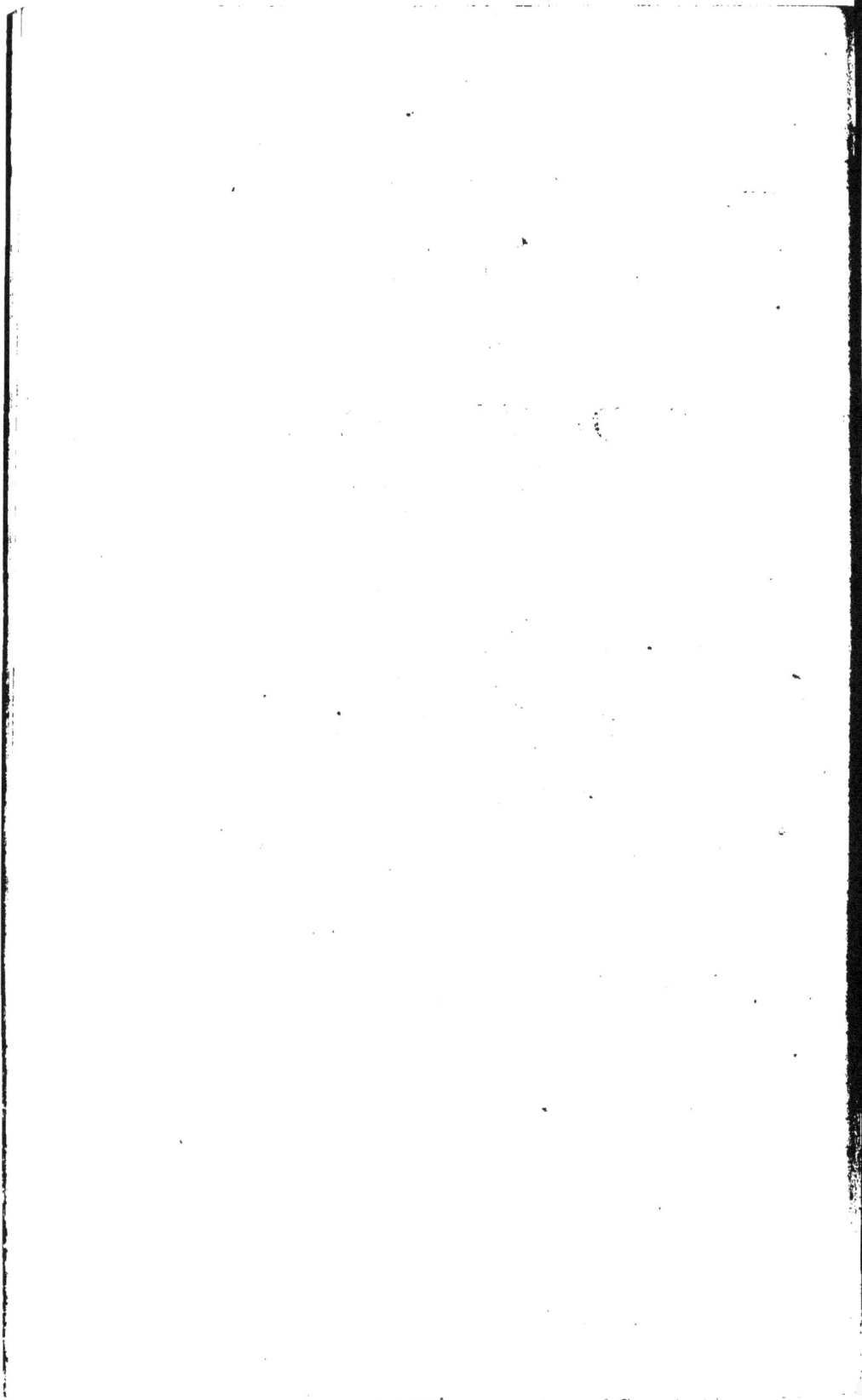

RÈGLEMENT
PROVISOIRE
SUR LE
SERVICE DE L'INFANTERIE
EN CAMPAGNE.

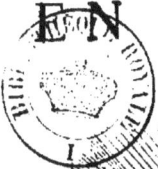

A PARIS,
DE L'IMPRIMERIE ROYALE.

M. DCCLXXVIII.

TABLE DES TITRES

Contenus dans ce Règlement.

REGLEMENT

RÈGLEMENT

PROVISOIRE,

SUR LE

SERVICE DE L'INFANTERIE

en Campagne.

A nouvelle conftitution des Troupes, exigeant une nouvelle Ordonnance de fervice de campagne, Sa Majefté a fait rédiger provifoirement le préfent Règlement, afin qu'étant mis à l'épreuve dans les camps qu'Elle fe propofe de faire affembler, on puiffe profiter de toutes les obfervations de l'expérience, pour lui donner enfuite, fous la forme d'Ordonnance, toute la perfection dont cet important ouvrage eft fufceptible.

A

TITRE PREMIER.

Des préparatifs de campagne, & des Équipages des Officiers supérieurs & subalternes.

ARTICLE PREMIER.

LORSQUE les régimens devront entrer en campagne, Sa Majesté donnera des ordres pour qu'ils soient pourvus de tentes, manteaux d'armes, couvertes, chevaux de compagnies, marmites, outils & autres menus ustensiles.

2.

CHAQUE compagnie de Grenadiers, de Chasseurs & de Fusiliers, aura un nombre de tentes proportionné à sa force, sur le pied de huit Fusiliers ou Chasseurs par tente, & de sept Grenadiers seulement.

3.

LES tentes seront d'une bonne toile, leur hauteur sera de cinq pieds huit pouces, ayant par le bas sur le devant six pieds six pouces d'une encoignure à l'autre ; chaque côté aura six pieds neuf pouces de longueur, non compris le cul-de-lampe, qui aura dix pieds six pouces de tour par le bas, de manière que la profondeur, depuis la fourche de l'entrée, jusqu'au fond du cul-de-lampe, sera de dix pieds quatre pouces.

4.

IL y aura deux manteaux d'armes par compagnie, & un de plus par bataillon pour le piquet ; lesquels seront d'un coutil fort & serré.

5.

LES manteaux d'armes de chaque compagnie, auront six pieds de haut, un pied neuf pouces de rondeur dans la partie supérieure, & dix-neuf pieds de circonférence par le bas, dont deux pour croiser à l'endroit de l'ouverture.

3
6.

LE manteau d'armes du piquet fera fait en manfarde de
la hauteur de fix pieds, le toît aura deux pieds des deux côtés,
fur un pied de pente; & pour tendre le manteau, on formera
un chevalet de deux mâts, joints par deux travers, dont l'un
fera pofé au haut des mâts; l'autre aura une cheville de fer
à chaque bout pour entrer dans les deux mâts, qui feront percés
à la hauteur de quatre pieds pour les recevoir; les armes du
piquet feront appuyées des deux côtés de ce travers.

7.

LES tentes & manteaux d'armes feront marqués en caractères
noirs, du nom du régiment & du numéro de la compagnie,
qui étant une fois établi, ne fera plus changé, quelque rang
que prenne la compagnie dans le régiment.

8.

IL y aura un cordeau par bataillon pour marquer le front
du camp, & un autre pour en marquer la profondeur; ces
cordeaux, dont la longueur fera proportionnée à la force
des compagnies de chaque bataillon, feront divifés par toifes
& demi-toifes, & défigneront de plus, les endroits où les
fourches des tentes devront être placées.

9.

IL fera donné par tentes deux couvertures de laine affez
grandes pour couvrir huit Soldats.

10.

LES jours de marches, ces couvertures feront pliées dans
la tente & portées fur des chevaux de compagnie.

11.

CHAQUE compagnie aura deux chevaux, deftinés à porter
fes tentes, marmites, manteaux d'armes & couvertures.

12.

LES chevaux feront choifis affez forts pour porter un poids
de trois cents livres.

13.

UN Soldat de la compagnie fera chargé du foin de panfer & conduire ces deux chevaux, dont le piquet fera toujours à la queue de ladite compagnie.

Ce Soldat ne fera point nombre dans la compagnie, & à compter du jour où les chevaux de peloton feront achetés, il fera employé dans les revues & payé par Sa Majefté fur le pied & fous le nom de *Surnuméraire*.

Dans les marches, tous les chevaux de compagnies du bataillon & du régiment, fe réuniront pour que les Soldats qui les conduifent, puiffent au befoin s'aider entr'eux.

14.

LES marmites de cuivre étant fujettes au vert-de-gris, elles feront déformais de fer battu, & il en fera donné une de huit en huit hommes, ainfi qu'une gamelle.

15.

INDÉPENDAMMENT de deux Soldats-charpentiers par bataillon, que Sa Majefté fe propofe de rétablir à la guerre, il y aura par tente ou chambrée, une pelle, une pioche, une ferpe & une hache.

16.

CES outils feront principalement deftinés au fervice particulier des Soldats dans l'intérieur du camp. Les grandes gardes & détachemens, foit armés, foit de Travailleurs, fe pourvoiront, lorfque cela fera ordonné, d'outils d'une efpèce plus forte à la divifion d'artillerie de chaque brigade.

17.

LA pelle aura fept pouces quatre lignes de hauteur, fur fix pouces neuf lignes de largeur par le haut, & cinq pouces fix lignes au tranchant : la douille fera de trois pouces fix lignes, & le manche depuis la douille jufqu'à fon extrémité, aura un pied onze pouces.

18.

LA pioche aura neuf pouces fix lignes de longueur, &
deux

5

deux pouces fix lignes de largeur du côté du tranchant, &
le manche fera de deux pieds trois pouces quatre lignes.

19.

LA ferpe aura huit pouces fept lignes de longueur, trois
pouces de largeur par le bout, & deux pouces deux lignes
du côté du manche, qui aura quatre pouces neuf lignes.

20.

LA tête de la hache aura deux pouces en tous fens, la
diftance de la tête au taillant fera de fept pouces deux lignes,
& la largeur du taillant de trois pouces dix lignes, le
manche non compris; la tête aura un pied dix pouces.

21.

L'ÉPAISSEUR de ces outils fera proportionnée à leur
longueur, & telle que, fans être trop pefans, ils aient la
force convenable à l'ufage auquel ils font deftinés.

22.

LA compagnie de Grenadiers, en outre des pelles, pioches
& ferpes ci-deffus, aura dix groffes haches plus longues &
plus fortes; de manière qu'elles foient propres aux opérations
de guerre.

23.

CES outils feront contenus dans des étuis de peau de
vache non noircie, fermant chacun à deux boucles, &
attachés à une courroie large d'un pouce.

24.

ILS feront portés, dans les marches, par les Soldats des
compagnies qui en feront chargés tour à tour.

25.

CHAQUE chambrée fera pourvue d'une gamelle, d'un
bidon, ainfi que des fourches, travers brifés & piquets
néceffaires pour dreffer les tentes.

26.

CHAQUE Soldat fera pourvu en outre d'un petit bidon
de fer-blanc pour fon ufage particulier dans les marches.

B

27.

CE bidon, contenant une pinte, sera fait en forme de flacon aplati, fermé d'un couvercle & concave par un des côtés, afin de ne pas se balloter pendant la marche ; il sera suspendu à une courroie large d'un pouce, pour être porté en bretelle & au-dessus de la hanche.

28.

DEUX Sergens par compagnie, porteront aussi de semblables bidons qui seront remplis de vinaigre, dont ils feront la distribution aux Soldats de leur compagnie les jours de marche, ainsi qu'il sera expliqué au *Titre XXV des Marches, article 45.*

29.

SOIT que ces fournitures soient faites des magasins du Roi, ou par les soins des régimens, les Colonels veilleront avec attention à ce qu'elles soient de la meilleure qualité, & ils en rendront compte aux Officiers généraux lors de leurs revues.

30.

ILS veilleront de même à ce que chaque compagnie prenne le plus grand soin desdites fournitures, Sa Majesté les en rendant responsables, & ordonnant que celles qui se perdront ou se détruiront par la négligence du Soldat, soient payées sur la subsistance des régimens.

31.

ILS tiendront la main à ce que les Soldats soient distribués par tentes ou chambrées, de manière que l'ordre intérieur des compagnies soit le même dans les camps que dans les quartiers.

32.

ILS feront des revues du linge & des effets du Soldat, & les réduiront exactement, non compris ce qu'ils auront sur le corps, à deux chemises, une paire de culottes de tricot ou de toile, une paire de guêtres blanches ou noires, une paire de souliers, un peigne & deux brosses.

7.

33.

CHAQUE Soldat aura un havre-fac de peau non tannée,
d'une grandeur uniforme & fuffifante pour contenir les effets
ci-deffus détaillés, & du pain pour quatre jours.

34.

IL aura de plus un fac de toile qui lui fervira pour aller
aux diftributions, & dans lequel il s'enveloppera pour coucher : ce fac fe roulera après avoir été bien ferré entre le
corps de l'havre-fac & la patte extérieure qui le ferme, de
façon qu'il foit recouvert par celle-ci.

35.

L'HAVRE-SAC fera attaché par deux courroies larges de
deux pouces, au moyen defquelles le Soldat le portera en
bretelle ; cette manière étant la plus avantageufe, en ce
qu'elle fait porter le fardeau également fur les deux épaules.

36.

LES Commandans des corps prendront dès ce moment
des arrangemens pour que les régimens fe pourvoient, avec
le temps, de ces deux fortes d'havre-facs.

37.

POUR mettre les Soldats en état de foutenir les marches
& les fatigues de la campagne, on les exercera fouvent à
faire plufieurs lieues avec leurs facs, armes & uftenfiles de
toute efpèce, afin qu'ils s'accoutument à les porter pendant
la campagne, & n'en foient point incommodés. Lorfque les
Soldats commenceront à être en haleine, on leur fera faire
quelquefois ces marches dans le milieu du jour, pour les
accoutumer à fupporter la chaleur.

38.

PENDANT que tout ce qui a été prefcrit ci-deffus
s'exécutera, les Officiers fupérieurs & fubalternes fe pourvoiront des équipages néceffaires pour entrer en campagne.

39.

ILS auront attention de ne porter avec eux en campagne

que ce qui leur fera exactement néceſſaire; l'intention de
Sa Majeſté étant, en cas que leurs équipages ſoient pris ſans
qu'ils en ſoient cauſe, de ne les dédommager que des effets
qui leur étoient indiſpenſables.

40.

LES Brigadiers & Colonels pourront avoir une voiture à
deux roues; le Chirurgien-major pourra auſſi en avoir une
de cette ſorte : ſix Officiers malades ou bleſſés pourront au
beſoin être tranſportés dans ces voitures.

41.

IL y aura outre cela par régiment de deux bataillons, un
chariot attelé de quatre bons chevaux pour porter des effets
de remplacement à l'uſage du Soldat ; comme ſouliers,
chemiſes, &c. Ces chariots & ces chevaux ſeront achetés
& entretenus au compte du Roi; & il ſera à cet effet aſſigné
une ſomme au Conſeil d'adminiſtration des régimens.

Ces chariots, ainſi que tous ceux qui ſeront dans les
Armées, ſeront à timon, & les chevaux attelés deux à deux.

42.

NUL autre Officier dans les régimens, que ceux nommés
ci-deſſus, ne pourra avoir aucune eſpèce de voiture à roues.

43.

IL ſera permis aux Officiers ſupérieurs & particuliers, le
nombre de chevaux marqués ci-après, compris ceux des
voitures permiſes, & ils ne pourront l'excéder ſous tel prétexte que ce ſoit; ſavoir, ainſi qu'il ſuit :

Chevaux.

Au Brigadier.................................. 20.
Au Colonel-commandant.................... 16.
Au Colonel en ſecond...................... 10.
Au Lieutenant-colonel..................... 8.
Au Major.................................. 6.
Au Capitaine-commandant.................. 5.
Au Capitaine en ſecond................... 4.
Aux Lieutenans........................... 3.

Aux

9

	Chevaux
Aux Sous-lieutenans.	2.
Au Quartier-maître, y compris un cheval de bât pour la caisse & les papiers du détail	3.
Au Chirurgien-major	3.
A l'Aumônier	2.
A l'Adjudant	1.
A chacun des Cadets-gentilshommes, indépendamment de deux chevaux par bataillon pour porter leur bagage.	1.
Pour le chariot d'effets de remplacement.	4.

44.

IL sera permis par régiment de deux bataillons, un Vivandier avec un chariot à quatre roues attelé de quatre bons chevaux.

45.

IL sera de plus permis par régiment de deux bataillons, un Boucher & un Boulanger, lesquels s'arrangeront pour avoir en commun une voiture à quatre roues attelée de quatre bons chevaux.

46.

TOUS les autres Vivandiers attachés aux régimens, n'auront que des chevaux de bât, & il n'en sera permis que huit par bataillon, y compris les chevaux de Blanchisseuses.

47.

Il ne sera souffert à la suite des régimens, aucune femme qui ne fasse le métier de Blanchisseuse.

48.

LES Brigadiers, Colonels & autres Officiers des régimens, ne pourront substituer des chariots à la place de ceux des Vivandiers, Bouchers, Boulangers, qu'ils n'auroient pas à leur suite.

49.

LES voitures & chariots seront marqués du nom du

C

TITRE I.er régiment, & de celui à qui ils appartiendront, ou de l'usage auquel ils seront destinés.

50.

Il y aura sur le premier mulet de l'équipage du Colonel, un fanion d'étoffe de laine où sera marqué le nom du régiment.

51.

Les Colonels tiendront la main dans leurs régimens, à ce que les Officiers, les Vivandiers, &c. se conforment à ce qui est marqué ci-dessus, & ils en répondront personnellement.

TITRE II.

Des Revues d'entrée de campagne.

ARTICLE PREMIER.

Avant que les régimens entrent en campagne, les Officiers généraux chargés de leur revue, examineront avec soin s'ils sont en état de tout point.

2.

Ils se feront rendre un compte général & exact des fournitures qui auront été faites, & en examineront la qualité.

3.

Si ces fournitures se trouvent d'une mauvaise espèce, & qu'elles aient été faites par le Roi, ils en rendront compte au Secrétaire d'État ayant le département de la guerre, pour qu'il puisse y être remédié à l'avenir. Si elles l'ont été par les soins des régimens, & que ce soit la faute de leur Conseil d'administration, ils en rendront pareillement compte, afin que ces derniers en soient rendus responsables, ainsi qu'il plaira à Sa Majesté de l'ordonner.

4.

Ils marqueront les Soldats malingres, ou trop jeunes pour soutenir les fatigues de la campagne.

11

5.

CES Soldats feront formés par détachemens aux ordres
d'Officiers ou bas Officiers, fuivant leur nombre, & laiffés
pour la garde des places & communications, jufqu'à ce qu'ils
aient acquis affez de force pour rejoindre leur Corps.

6.

LE nombre de ces Soldats pourra être porté jufqu'à cinquante par bataillon, fuivant l'efpèce d'hommes & de recrues
de chaque régiment.

7.

CETTE précaution importante à la confervation des
Soldats, fera renouvelée à toutes les revues d'entrée de
campagne.

8.

IL fera obfervé par les Troupes, lors de ces revues, quant
à la manière de fe former & de recevoir les Officiers
généraux chargés de leur infpection, & les Commiffaires
des guerres, tout ce qui fera prefcrit dans le nouveau
Règlement *des Manœuvres*.

9.

LES Officiers géneraux chargés des revues, feront auffi
l'infpection des équipages des Officiers & des voitures de
Vivandiers, pour examiner fi tout eft dans l'ordre prefcrit
au Titre précédent, & ils feront rectifier ce qui n'y feroit pas
conforme.

TITRE III.
De la marche des Régimens pour fe rendre
à l'Armée.

ARTICLE PREMIER.

LORSQU'UN régiment aura reçu les ordres de partir pour
fe rendre dans des cantonnemens voifins du lieu où l'Armée

doit s'assembler pour camper en front de bandière, ou pour marcher en droiture au camp, il sera observé ce qui suit:

2.

LE Commandant donnera la veille l'ordre du départ du logement ou campement du Corps, des éclopés, des équipages, & de leurs escortes, dans lequel seront indiqués les rendez-vous où ils devront s'assembler.

3.

SI c'est pour aller cantonner, le logement sera composé ainsi qu'il est prescrit dans l'Ordonnance *du Service des Places & Quartiers,* à l'article *des marches dans le royaume.*

Si c'est pour se rendre au camp, le campement sera conforme à ce qui sera réglé ci-après au *Titre VII.*

4.

LE régiment s'assemblera, se formera & exécutera sa marche, conformément à ce qui est prescrit dans l'Ordonnance *des Manœuvres de l'Infanterie.*

5.

LES équipages marcheront à la suite du régiment; le Commandant en règlera l'escorte suivant leur nombre, & le danger qu'il pourroit y avoir qu'ils fussent attaqués.

Il sera choisi par le Colonel, un Sergent intelligent pour être Vaguemestre & conduire les équipages.

6.

LES convalescens seront conduits par des Officiers, suivant leur nombre, & marcheront, autant que cela se pourra, à la suite des campemens.

7.

ENFIN on observera dans cette marche, pour la police & la discipline, toutes les précautions prescrites pour les marches dans l'intérieur du royaume; & le Commandant pourvoira à toutes celles que le voisinage plus ou moins grand de l'ennemi, exigera pour la sûreté.

TITRE IV.

TITRE IV.

Des Cantonnemens d'entrée de campagne.

ARTICLE PREMIER.

LE régiment, en arrivant dans le cantonnement qui lui aura été marqué, obfervera pour s'y établir, s'y garder & y fubfifter, tout ce qui fera ordonné au *Titre XL, des Cantonnemens de la fin de campagne.*

2.

LE Commandant du régiment, profitera du temps qu'il demeurera dans ce cantonnement pour l'exercer à ce qui eft prefcrit *article 37 du Titre I.er, des Préparatifs de campagne.*

3.

DU jour que le régiment fera arrivé dans le cantonnement, le Soldat aura toujours, jufqu'à ce qu'il rentre en quartier d'hiver, fon havre-fac tout fait, & fes armes & fon équipement raffemblés, afin qu'au premier fignal il puiffe s'armer & être prêt à partir.

4.

EN cas d'alarme, & toutes les fois qu'on battra la générale, le Soldat s'armera, chargera fon havre-fac, & fe rendra le plus promptement au rendez-vous indiqué pour fa compagnie.

5.

LES Capitaines conduiront enfuite leurs compagnies avec la plus grande célérité au rendez-vous général de leurs bataillons.

6.

L'ON fera exercer les équipages à être chargés & attelés le plus promptement poffible, & à fe rendre diligemment au rendez-vous qui leur aura été marqué en cas d'alarme. Pour cela les Officiers obferveront d'avoir toujours leurs ballots faits & les voitures chargées.

D

Les Surnuméraires chargeront en même-temps les chevaux des tentes, & les conduiront au rendez-vous indiqué.

7.

LE Commandant du régiment, fera souvent battre la générale, tant de jour que de nuit, sans en avoir prévenu, & fera punir sévèrement ceux qui feront négligens à exécuter ce qui est prescrit ci-dessus.

8.

TOUT régiment qui sera cantonné, devra être en bataille & prêt à partir & à combattre en six minutes, & les équipages en dix.

9.

TOUTES les fois qu'on battra la générale, ou dans les cas d'alarme, la garde de police se rendra au lieu où sera déposée la caisse, & ne la quittera pas qu'elle ne l'ait remise à l'escorte des équipages, & qu'elle ne soit en sûreté.

TITRE V.
De la Formation des Brigades.

ARTICLE PREMIER.

LES régimens destinés à servir en campagne, seront mis en brigades à leur arrivée au camp.

2.

TOUTES les brigades feront composées, autant qu'il se pourra, de quatre bataillons.

3.

LES plus anciens régimens feront chefs de brigades, & les autres feront distribués ensuite dans les brigades suivant leur rang. Cet arrangement sera soumis toutes les fois à ce qu'il plaira au Général d'en ordonner.

4.

LES régimens prendront dans les brigades pour se

15

mettre en bataille, pour marcher ou pour camper, l'ordre
qui fera preferit dans le nouveau Règlement *de Manœuvres.* TITRE V.

5.

IL fera attaché à chaque brigade, une division de pièces
d'artillerie légère, à raifon de deux par bataillon.

Cette artillerie ne quittera plus la brigade, jufqu'à la fin
de la campagne, & lorfqu'un bataillon fera détaché, il mènera
avec lui fes deux pièces de canon

6.

CHAQUE brigade fera commandée par le plus ancien
Colonel-brigadier des régimens qui la compofent; lorfqu'il
n'y en aura pas, le Général y en attachera un à fon choix;
& au défaut de Brigadier, le Colonel le plus ancien de
commiffion la commandera.

7.

LE Major le plus ancien d'une brigade, fera Major de cette
brigade, & en fon abfence, le Major du deuxième régiment
en fera les fonctions.

8.

S'IL n'y a point de Major dans la brigade, le Brigadier
choifira un Capitaine commandant pour en faire les fonctions,
& cet Officier ne fera plus dès-lors d'autre fervice.

TITRE VI.

De la formation des Bataillons de Grenadiers & Chaffeurs.

ARTICLE PREMIER.

DU jour que les brigades feront formées, les compagnies
de Grenadiers & de Chaffeurs de chaque brigade, formeront
un bataillon deftiné à fervir hors de ligne, toutes les fois
que le Général le jugera à propos.

2.

LES compagnies de Grenadiers & de Chaffeurs, une fois

formées en bataillons, ne contribueront plus au fervice de leur brigade, à moins qu'elle ne fût détachée feule & hors de ligne.

3.

LORSQUE les compagnies de Chaffeurs feront détachées, elles marcheront, vu leur conftitution actuelle, fur le pied de cent un hommes complets, afin d'être de même force que les compagnies de Grenadiers; mais lorfqu'elles feront plus fortes, on déterminera le nombre auquel elles devront marcher, & ce pied ne variera plus toute la campagne.

Quand une compagnie de Chaffeurs ne pourra pas, à caufe des pertes qu'elle aura éprouvées, fournir le nombre d'hommes fixé, elle y fera portée par des poftiches tirés des compagnies de Fufiliers, lefquels rentreront dans leurs compagnies à la fin du détachement.

4.

QUAND le bataillon de Grenadiers & Chaffeurs, ne fera pas détaché, les compagnies de Grenadiers & de Chaffeurs qui le forment, feront campées chacune fur le flanc de leur bataillon.

5.

LORSQUE le bataillon de Grenadiers & Chaffeurs marchera, chaque compagnie de Grenadiers & de Chaffeurs formera fa divifion, & elles feront rangées & campées dans ce bataillon dans le même ordre que les bataillons dont elles fortent le font dans la brigade.

6.

LE Général de l'Armée choifira, s'il le juge à propos, des Brigadiers qui ne commanderont point de brigades, ou des Officiers fupérieurs, pour commander pendant toute la campagne les bataillons de Grenadiers & Chaffeurs.

7.

LE Commandant du bataillon des Grenadiers & Chaffeurs, défignera, toutes les fois qu'il fera détaché, un Officier fubalterne de fon bataillon, pour en faire le détail.

8. TOUTES

17
8.

TOUTES les fois que le bataillon de Grenadiers & Chaſſeurs ſera détaché, il marchera avec lui une pièce de canon de la diviſion d'artillerie attachée à ſa brigade.

9.

TOUTES les fois qu'on battra *la générale*, ou qu'il y aura quelqu'alarme, le bataillon de Grenadiers & Chaſſeurs prendra promptement les armes, & ſe portera cent pas en avant du centre de la brigade, pour y attendre les ordres qui lui ſeront donnés.

TITRE VII.
Du Campement.

ARTICLE PREMIER.

LORSQU'UN régiment arrivera dans le lieu le plus à portée de celui où il devra camper, le Commandant dudit régiment, donnera avis de ſon arrivée au Général de l'armée, & le Major en informera le Major général.

2.

LORSQUE le Commandant du régiment aura reçu ordre de ſe rendre au camp, il fera partir à l'avance, pour aller au campement, l'Adjudant du régiment, deux Fourriers & trois Caporaux par bataillon, avec un Soldat pour porter les cordeaux; les Caporaux ſe pourvoiront de fiches.

3.

CES campemens ſeront munis en outre de trois fanions par bataillon, pour marquer & aligner le camp; ſur ces fanions ſeront écrits le nom du régiment & le n.º du bataillon.

Ces fanions ſeront hauts de ſix pieds, & ferrés par le bas.

4.

IL ſera commandé, pour marcher avec ces campemens, un Capitaine & un Lieutenant ou Sous-lieutenant, par

E

régiment ; & lorfque les brigades feront formées, il ne marchera que le même nombre d'Officiers fur la brigade.

5.

LES nouvelles gardes marcheront toujours à la fuite des campemens.

6.

LES Majors de brigades n'iront plus au campement, le fecond Major de la brigade y marchera, & à fon défaut, le Capitaine du campement remplira fes fonctions.

7.

AUCUN autre que les Officiers, Fourriers & Caporaux marqués ci-deffus, n'ira au campement.

8.

DANS la faifon où la terre fera couverte, il fera commandé quatre Valets d'Officiers par bataillon, avec des faulx, pour marcher à la fuite des campemens, afin de faucher le terrein du camp auffitôt qu'il fera marqué.

Le Quartier-maître du régiment aura foin de les faire marcher en règle, & de configner aux Sentinelles qui feront placées autour du terrein du camp, de n'en laiffer fortir aucun.

9.

IL marchera toujours avec les campemens de l'armée, un détachement de la Prévôté.

10.

S'IL fe trouve des convalefcens dans les régimens, ils marcheront à la queue des campemens, à moins d'un ordre contraire, & feront conduits par des Officiers & bas Officiers proportionnés à leur nombre, qui feront refponfables de ceux qui pourroient s'écarter dans les marches.

11.

AUCUNE voiture, ni chevaux de bât, ni Valets, autres qu'un par Officier de campement, ne pourront marcher avec les campemens; le détachement de la Prévôté arrêtera tous ceux qui s'y trouveront, les Valets feront punis au quartier général par les Caporaux de la Prévôté, & il sera de plus payé par le Maître un écu d'amende par cheval.

TITRE VIII.
De la forme du Camp.

ARTICLE PREMIER.

ON ne s'assujettira plus à camper toute l'Infanterie sur des lignes droites, lorsqu'un léger changement dans les points de direction pourra lui faire gagner des commodités, & la mettre à portée de son champ de bataille, ou des débouchés de marches du lendemain.

2.

LORSQU'IL y aura quelques terreins bas ou marécageux, on les laissera en intervalle, étant essentiel de camper les Troupes dans des terreins secs; on évitera même, autant qu'il se pourra, de camper dans les prairies, l'humidité étant très-mal saine pour les hommes & les chevaux.

3.

AFIN que l'uniformité soit plus grande dans le front du camp des régimens, au lieu de le faire marquer par les pas des Fourriers qui les font les uns plus grands, les autres plus petits, on les marquera toujours avec le cordeau; un Fourrier en tiendra un bout, & demeurera fixe à la première fiche de son régiment, jusqu'à ce qu'un autre Fourrier qui portera l'autre bout du cordeau, se trouve l'avoir tendu; on y placera une seconde fiche, & on répétera successivement cette opération pour marquer le camp de tous les bataillons.

4.

QUAND l'alignement du camp aura été réglé sur des points de vue donnés, & qu'on aura marqué celui de l'aile droite, ou de l'aile gauche de la Cavalerie (suivant le côté par lequel on commencera), on marquera le camp de l'Infanterie, en laissant au moins vingt-cinq toises ou cinquante pas d'intervalle de l'un à l'autre.

5.

LE Major général diftribuera aux Majors de campement, le terrein qui lui aura été défigné, & ceux-ci le diftribueront à chaque bataillon.

6.

LES Officiers de campement environneront enfuite leur terrein, de Sentinelles tirées des gardes du camp, afin qu'aucun Fourrier ni convalefcent ne puiffent s'écarter.

S'il fe trouvoit des puits, des fontaines, des magafins dans le terrein du camp ou à portée, ils y feront placer des Sentinelles.

Ces Sentinelles feront relevées à l'arrivée des Troupes.

7.

LA brigade de la droite s'alignera fur l'aile de Cavalerie qui aura été marquée, & les autres brigades s'aligneront fucceffivement fur elle.

8.

SI le terrein obligeoit de faire quelque changement dans les points de direction, lorfqu'on fera parvenu à l'angle ou au coude du front de bandière, fi cet angle eft faillant, on laiffera trente pas d'intervalle entre les camps des deux bataillons qui en feront les plus proches, de manière que la queue de chacun de ces camps n'anticipe pas fur celle de l'autre.

9.

LES camps des bataillons d'un même régiment & d'une même brigade, feront marqués dans le même ordre qu'ils devront être en bataille.

10.

L'INTERVALLE d'une ligne à l'autre fera toujours de cent cinquante toifes ou trois cents pas.

11.

LES bataillons camperont par demi-compagnie, ou par quart de compagnie, fuivant l'étendue du terrein & le front que le Général jugera à propos de donner à fon camp.

12

1778

21

I 2.

IL fera donné trente-cinq toifes par bataillon, lorfqu'il campera par demi-compagnie ou par peloton; & foixante-dix toifes, lorfqu'il campera par quart de compagnie ou par fection : dans ce nombre feront compris les dix toifes qui doivent toujours refter pour l'intervalle d'un bataillon à l'autre.

TITRE VIII.

I 3.

LA première & la dernière tente de chaque peloton ou fection, feront face en dehors à la tête & à la queue du camp.

I 4.

CHAQUE compagnie formera ainfi deux rangées de tentes quand elle campera par peloton, & quatre quand elle campera par fection. Les rangées feront toujours jumelles & adoffées l'une à l'autre, de manière à faire toutes deux face en dehors, l'une à droite & l'autre à gauche.

Ces rangées jumelles ainfi adoffées, feront féparées alternativement par une rue de trois pieds, & par une de dix-huit: Il y aura ainfi dans le bataillon campé par demi-compagnie ou par peloton, lorfque la compagnie de Grenadiers ou de Chaffeurs n'en fera pas détachée, cinq rues de trois pieds & quatre de dix-huit; & lorfque le bataillon fera campé par quart de compagnie ou par fection, il y aura dix rues de trois pieds & huit de dix-huit.

I 5.

LORSQUE les compagnies de Grenadiers & de Chaffeurs feront détachées, l'emplacement deftiné à les camper à la droite & à la gauche du régiment, reftera vacant & augmentera l'intervalle entre les bataillons.

I 6.

L'INTERVALLE entre les bataillons, foit qu'on campe par demi-compagnie ou par quart de compagnie, fera toujours le même, c'eft-à-dire de dix toifes.

I 7.

QUAND on campera par demi-compagnie, la place de

F

la fourche de la première tente de la compagnie de Grenadiers, fi l'on marque le camp par la droite, ou celle de la fourche de la première tente de la compagnie de Chaſſeurs, fi l'on marque le camp par la gauche, fera marquée par une fiche qui fera placée à trois pieds trois pouces en-dedans de l'extrémité du cordeau du front du camp, chaque tente devant occuper fix pieds fix pouces d'une encoignure à l'autre; on comptera enfuite trois pieds trois pouces juſqu'à l'autre encoignure de la tente, plus, trois pieds d'intervalle pour la petite rue, & trois pieds trois pouces juſqu'à la fourche de la feconde rangée de tentes, par conféquent neuf pieds & demi de la première fiche à la feconde; on comptera enfuite de cette fiche trois pieds trois pouces juſqu'à l'encoignure de la tente de la feconde rangée, plus, dix-huit pieds pour l'intervalle de la grande rue, & trois pieds trois pouces depuis l'encoignure de la troiſième rangée de tentes juſqu'à l'emplacement de fa fourche, ce qui fera par conféquent vingt-quatre pieds & demi de la feconde fiche à la troiſième : cette opération fera répétée de compagnie en compagnie, de manière qu'il y ait alternativement neuf pieds & demi, & vingt-quatre pieds & demi d'une fiche à l'autre; ce qui donnera, pour la totalité du bataillon y compris fon intervalle, un réſultat de trente-cinq toiſes, diviſées en dix rangées de tentes, lefquelles auront entr'elles cinq petites rues & quatre grandes.

Il fera pratiqué dans chaque petite rue une rigole pour l'écoulement des eaux.

18.

LORSQUE l'on campera par quart de compagnie ou par fection, le camp fera marqué par la même opération; chaque compagnie formant alors quatre rangées de tentes, & par conféquent la totalité du bataillon vingt rangées, féparées entr'elles par vingt petites rues de trois pieds & par neuf grandes rues de vingt-trois pieds; ce qui, en y joignant l'intervalle de dix toiſes, fera pour la totalité du bataillon, foixante-dix toiſes, & par conféquent le double du terrein que le bataillon occuperoit étant campé par demi-compagnie.

23

19.

POUR que cette opération de marquer le camp soit à la fois prompte & facile, les régimens feront arranger à l'avance deux cordeaux pour ces deux différentes dimenfions de camp; ces deux cordeaux feront étiquetés aux diftances prefcrites ci-deffus, de petits morceaux d'étoffe rouge, qui défigneront la place des fiches; il en fera ufé de même pour le cordeau deftiné à marquer la profondeur du camp.

20.

LE cordeau deftiné à marquer la profondeur du camp, fera placé perpendiculairement à celui du front du bataillon, fur l'alignement que la compagnie de Grenadiers ou de Chaffeurs devra former.

21.

LA place de la fourche de la feconde tente y fera marquée à quinze pieds du cordeau du front du camp, & celle des autres, fucceffivement de trois pas en trois pas, ou de neuf pieds en neuf pieds, jufqu'à la dernière tente, qui devra faire face à la queue du camp, comme il a été dit ci-deffus.

22.

LES autres compagnies s'aligneront fur celles des Grenadiers ou de Chaffeurs, obfervant que la fourche de la deuxième tente foit portée trois pieds en avant de celle de la première tente, du côté où la compagnie devra faire face.

23.

LA place des faifceaux d'armes fera marquée à cinq toifes en avant du front de bandière.

24.

LORSQUE les bataillons camperont par demi-compagnie, les deux faifceaux feront rangés fur une même ligne, chacun dans l'alignement de la première tente de fa demi-compagnie, en obfervant qu'il y ait un pas d'intervalle entre leur circonférence.

Lorfque les bataillons camperont par quart de compagnie

ou par section, le faisceau d'armes sera dans l'alignement & au centre de la petite rue formée par les tentes des deux sections couplées.

La place des tentes des Tambours ou Vivandiers, sera à cinq toises des cuisines; celle des tentes des Officiers subalternes à huit toises de celles des Vivandiers, & celle des Capitaines à dix toises de celles des subalternes.

25.

A l'égard des tentes des Officiers supérieurs des régimens, elles seront à dix toises en arrière de celles des Capitaines; savoir, celle du Colonel-commandant, vis-à-vis le centre du régiment qu'il commande, de manière cependant qu'elle ne se trouve pas vis-à-vis l'intervalle qui doit être entre chaque bataillon : celle du Colonel en second, vis-à-vis le centre du premier bataillon : celle du Lieutenant-colonel, vis-à-vis le centre du second : & celle du Major à la gauche & un peu en arrière de celle du Colonel.

L'Aumônier & le Chirurgien-major, ainsi que le Quartier-maître & l'Adjudant, camperont dans l'alignement des Officiers subalternes, & dans des tentes uniformes aux leurs.

26.

LES portes de toutes ces tentes seront tournées du côté du camp, & alignées, autant qu'il sera possible, sur les tentes des compagnies, sans souffrir qu'il en soit tendu aucune vis-à-vis l'intervalle des bataillons, & qu'aucun Officier puisse camper ailleurs qu'à la fiche qui lui aura été marquée.

27.

TOUS les Officiers, à l'exception de ceux de l'État-major, camperont dans des tentes uniformes, & dont les dimensions seront réglées ci-après; les Capitaines un à un, & les Lieutenans, Sous-lieutenans & Portes-drapeaux, deux à deux, de manière qu'il n'y ait, sur la totalité du bataillon, que vingt-une tentes pour les Officiers, non compris celles de l'État-major. Il sera cependant permis aux Capitaines de camper deux, pourvu que leurs tentes aient les mêmes

dimensions

dimenfions marquées ci - deffus, & que les deux Capitaines
qui camperont enfemble foient du même bataillon.

2 8.

LA tente du Capitaine aura, favoir, la manfarde fept pieds
carrés fur neuf de haut; la longueur de la marquife, depuis
le bord du parafol jufqu'au fond du cul-de-lampe, fera de
dix-huit pieds, y compris les quatre pieds & demi depuis
le parafol jufqu'au mât d'entrée. Il règnera au pourtour deux
pieds d'intervalle entre les murailles de la marquife & celles
de la manfarde : le cul-de-lampe aura fix pieds & demi de
profondeur.

2 9.

LA tente des Lieutenans & Sous-lieutenans aura la même
dimenfion, il pourra feulement être pratiqué un cabinet de
trois pieds dans le cul-de-lampe.

3 0.

LE Major de brigade campera dans l'intervalle des dix
toifes d'entre les deux bataillons du centre de la brigade,
près le front de bandière; le Brigadier campera dans le même
intervalle derrière le Major de brigade.

3 1.

LORSQUE les bataillons camperont par demi-compagnie,
il fera permis aux Officiers de camper fur deux lignes, fi,
par l'étendue de leurs tentes, ils ne peuvent camper fur une
feule; & alors l'État-major reculera fes tentes à proportion,
fans que par cette permiffion néanmoins, la profondeur du
camp puiffe s'étendre au-delà des quatre-vingts toifes prefcrites.

3 2.

AU moyen des deux formes de camp établies ci-deffus,
on pourra, fuivant les circonftances, étendre ou refferrer le
front du camp. L'un fera avantageux dans les camps de féjour,
pour la commodité & la falubrité; & l'autre dans les camps
de paffage, pour diminuer la fatigue des troupes, & gâter
moins de fourrages.

G

33.

L'INFANTERIE étant campée par demi-compagnie, lorsqu'une brigade de la ligne sera détachée, & que le Général jugera à propos d'en remplir le vide, la brigade voisine dédoublera & occupera son terrein, en campant par quart de compagnie.

Lorsque les compagnies ou bataillons de Grenadiers & Chasseurs, seront détachés, & qu'on jugera à propos d'en remplir le vide, pour cacher le départ de ces détachemens à l'ennemi, on pourra faire remplir leur terrein par les compagnies de Fusiliers voisines, en les faisant camper également par quart de compagnie.

Il s'ensuit de-là, que toutes les fois qu'on sera en activité de mouvement, la forme du camp par demi-compagnie, devra toujours être préférée.

34.

POUR éviter toute difficulté sur la fixation du terrein de chaque brigade, son front sera compté, à l'égard de celles qui seront campées en première ligne, depuis l'alignement de l'encoignure de la première tente de la droite, jusqu'à celui de la première tente de la brigade suivante; & sa profondeur, depuis la garde de la tête du camp, jusqu'à quatre-vingts toises en arrière du front de bandière: Quant aux brigades de seconde ligne, leur terrein s'étendra sur la même largeur, depuis le front de bandière, jusqu'à deux cents toises en arrière.

35.

LE camp étant marqué, les Fourriers & Caporaux de campement & les Sentinelles, empêcheront que les Troupes ne passent ailleurs que par les grands intervalles.

36.

AUCUNS Officiers, même les Brigadiers & Majors de brigades, ne pourront se loger eux ou leurs équipages, quand même il y auroit des maisons vides, dans le terrein de leurs brigades, à moins qu'ils n'en aient obtenu une permission

27

par écrit du Major général, qui prendra à cet effet l'ordre
du Général, & en enverra ensuite une note au Maréchal-
général-des-logis de l'armée, pour qu'il leur soit marqué un
logement en conséquence.

37.

LORSQU'ON verra arriver la tête des troupes qui devront
camper, le Major qui aura marqué le camp, fera partir les
Officiers de campement; savoir, le Capitaine pour aller au-
devant de la brigade, & le Lieutenant ou le Sous-lieutenant,
au-devant des équipages.

38.

CES Officiers reconnoîtront, avant de partir, les chemins
par lesquels les Troupes & Équipages pourront entrer dans
le camp sans embarras.

TITRE IX.
De l'Établissement dans le camp.

ARTICLE PREMIER.

AUSSI-TÔT que le camp fera marqué, dans la saison où
la terre est couverte, les faucheurs travailleront à faucher le
camp; ils commenceront par faucher le front de bandière,
depuis les faisceaux jusqu'à l'alignement des tentes des Soldats.
On leur fera observer de faucher également le terrein, de
manière que le grain qui restera sur pied en avant des faisceaux
soit aussi aligné que le front de bandière.

2.

LES Officiers de campement auront soin d'empêcher de
gâter les grains & fourrages en marquant le camp, & lorsque
les Troupes y entreront, ils consigneront aux sentinelles d'y
avoir attention.

3.

LORSQUE le terrein du front de bandière sera fauché,

les faucheurs couperont celui du camp des Soldats, y compris TITRE IX. les rues, intervalles & cuisines.

4.

LE fourrage qui se trouvera entre les faisceaux & les tentes, sera pour les chevaux des tentes des compagnies; de l'Artillerie & des chariots d'effets de remplacement. Celui du terrein des tentes & rues, s'il est mûr, servira de paille aux Soldats lorsqu'on ne leur en fera pas délivrer d'autre; sans cela il sera ramassé pour servir le jour suivant à la subsistance des chevaux du régiment. Le fourrage du terrein des tentes des Officiers sera pour les chevaux des Officiers; & celui depuis les cuisines jusqu'aux tentes des Officiers, pour les Vivandiers.

5.

LES Valets des Officiers & les Vivandiers faucheront diligemment, dès qu'ils seront arrivés, les terreins qui leur sont destinés.

6.

LES Officiers supérieurs des régimens, tiendront la main à ce que tout le fourrage fauché, soit ramassé & conservé avec le plus grand soin, & qu'il n'en soit fait que la consommation nécessaire.

7.

LORSQUE l'Infanterie approchera du terrein de son camp, les Tambours battront, les Soldats porteront leurs armes & s'aligneront dans leurs rangs, les Officiers mettront pied à terre & se placeront à leur division l'épée à la main, les régimens continueront de marcher sur le même front qu'ils auront fait pendant la marche.

8.

LES bataillons étant arrivés à la tête du nouveau camp, s'y mettront en bataille successivement, les piquets se porteront en avant du centre de leurs régimens, & s'y placeront comme il sera dit ci-après au *Titre X, du Piquet.*

9. LES

29

9.

LES défenses ordonnées feront publiées par un ban, une fois pour toutes, le premier jour de la campagne.

10.

LE Major enverra un bas Officier de chaque compagnie pour planter les faisceaux dans la place marquée, où on aura attention qu'ils foient bien alignés.

11.

IL fera partir le Sergent & le Caporal qui devront être d'ordonnance chez le Major de brigade, ou chez celui de la division.

12.

IL enverra pareillement le Vaguemeftre du régiment au Vaguemeftre général de l'Armée, pour fe faire infcrire par lui fur l'état qu'il doit en tenir, ainfi qu'il fera expliqué ci-après au *Titre XXVII, des Équipages.*

13.

IL fera partir les détachemens commandés, & les gardes des Officiers généraux.

14.

PENDANT que tout cela s'exécutera, les Commandans des compagnies empêcheront que perfonne ne quitte fon rang.

15.

LORSQUE le Commandant de la brigade ou du régiment, aura reçu ordre de faire rentrer les Troupes dans le camp, il fera exécuter ce mouvement de la manière preferite dans l'*Ordonnance des Manœuvres.* Les compagnies ne fe fépareront que quand le dernier rang fera arrivé aux faifceaux, & les Soldats y mettront leurs fufils.

16.

LES Officiers généraux obferveront d'apporter le moins de retard qu'il fera poffible à l'établiffement des Troupes dans le camp, fur-tout après des marches longues & pénibles.

H

17.

LES Porte-drapeaux planteront leurs drapeaux vis-à-vis le centre de leur bataillon, à une égale diſtance du front de bandière aux faiſceaux.

18.

ILS ne quitteront point leurs drapeaux, qu'il n'y ait été poſé une ſentinelle, ce qui ſera exécuté ſur le champ par un Caporal de piquet.

19.

CE Caporal poſera pareillement deux autres ſentinelles du piquet, à la droite & à la gauche du front du bataillon, & trois ſur le derrière du camp.

20.

OUTRE la conſigne particulière qui ſera donnée à la ſentinelle du centre, de ne laiſſer toucher perſonne aux drapeaux ſans permiſſion, il lui ſera conſigné de plus, ainſi qu'à celles du front du bataillon, d'avoir la même attention pour les armes des faiſceaux, & d'avertir ſitôt qu'elles apercevront le Général de l'armée.

21.

LES Brigadiers, les Colonels & tous les Officiers de l'État-major des régimens, reſteront à cheval juſqu'à ce que le camp ſoit tendu, les ſentinelles placées, & les Soldats partis pour les diſtributions.

22.

Les Officiers & les bas Officiers ne pourront pareillement quitter leurs compagnies, & ils feront tendre & aligner les tentes.

23.

A cet effet, dès que les chevaux de compagnies ſeront arrivés, chaque eſcouade déploiera promptement ſes tentes pour qu'au ſignal que le Major du régiment fera donner par un Tambour qui ſe tiendra au centre de chaque bataillon, toutes les tentes s'élèvent à la fois.

31
24.

LORSQUE les Troupes feront rentrées dans le camp, on
affemblera plufieurs hommes par efcouade, fuivant leurs
forces, en vefte & en bonnet, lefquels feront conduits en
bon ordre au bois, à l'eau & à la paille, par des Officiers
& un nombre de Fufiliers armés. Cette efcorte fera chargée
de les contenir, & les ramènera en faifant leur arrière-garde.

25.

DÈS que les tentes feront tendues, les Officiers &
bas Officiers feront balayer les rues & la tête du camp.

26.

ILS empêcheront de faire du feu ailleurs qu'aux places
marquées pour les cuifines.

27.

LES Brigadiers & Colonels iront enfuite reconnoître les
communications néceffaires à la droite & à la gauche du
front du camp, ainfi que celle pour communiquer avec la
deuxième ligne s'ils font campés en première, & avec la
première s'ils font campés en deuxième ligne.

28.

ILS les ordonneront aux Officiers fupérieurs, qui commanderont fur le champ des hommes en nombre fuffifant pour
les faire, & y feront travailler auffi-tôt, fans égard au temps
& à la fatigue. Ces communications feront faites, le premier
jour, larges de cinq toifes, & feront portées à trente dans
les camps où l'on féjournera.

29.

LE travail des communications à faire, foit entre les deux
lignes, foit en avant du front de bandière, fera fait; celui
entre les deux lignes, par les brigades de feconde ligne, &
celui en avant du front de bandière, par les brigades de
première; fi de plus grands travaux élevoient à cet égard
quelques difficultés, elles feront réglées par le Major général.

Lorfque le travail des communications fera trop difficile

pour être fait avec les outils du régiment, le Major de brigade enverra un Officier au parc d'artillerie le plus prochain pour en demander de plus forts, & il en sera donné sur le reçu de l'Officier qui viendra les prendre. Cet Officier retirera son reçu en les rapportant, sans quoi, en cas de réclamation, ils seront payés par le régiment.

Quand il y aura des ponts considérables à faire, ou d'autres travaux de nature à ne pouvoir être exécutés que par des compagnies d'Ouvriers, le Major de brigade ou de division en rendra compte au Major général, qui en avertira l'État-major-général de l'armée, afin qu'il donne les ordres nécessaires à l'Artillerie pour la construction de ces ouvrages.

3 0.

À l'égard des communications à faire sur les flancs & le long du front du camp, le terrein dont chaque régiment sera chargé, contiendra depuis la première tente de la compagnie Colonelle, jusqu'à la première du régiment qui sera campé à sa gauche, l'intervalle de l'un à l'autre étant censé faire partie du terrein qui aura été distribué au premier pour camper.

3 1.

APRÈS que les Brigadiers & Colonels auront donné les ordres pour les communications, ils visiteront le pays cinq ou six cents pas en avant du camp, s'ils sont campés en première ligne, ou en arrière s'ils sont de seconde ligne, pour pouvoir placer les gardes nécessaires, & prendre les précautions convenables pour la sûreté du camp; après quoi ils feront rentrer le piquet : Ces Officiers supérieurs ne pourront jamais mettre pied à terre ni quitter le camp, qu'après avoir exécuté ce qui est prescrit ci-dessus dans les articles qui les concernent.

3 2.

LES chapelles seront construites vis-à-vis le centre du régiment, près de la garde du camp, soit en première ligne ou en seconde ligne.

33

33.

ON fera creufer deux latrines, vingt pas en arrière de
la garde du camp de chaque bataillon, & deux autres,
quarante pas en arrière des tentes des Officiers; ces dernières
latrines feront pour les Officiers : les fentinelles du camp
auront grand foin d'empêcher que perfonne n'aille ailleurs
qu'aux latrines.

34.

ON mettra des appuis à la place où ces latrines auront
été marquées, & on les entourera d'une feuillée : tous les
huit jours on en fera de nouvelles, & on comblera les
anciennes qu'on marquera avec un jalon.

35.

DANS les régimens où il y aura des Bouchers, les Quartiers-
maîtres leur indiqueront le terrein où ils devront fe placer
pour qu'ils ne caufent point d'infection dans le camp, & les
obligeront d'enterrer les entrailles des beftiaux qu'ils tueront.

36.

ON commandera pour toutes les corvées ordonnées
ci-deffus, le nombre d'hommes néceffaires; & lorfqu'il y
aura des Soldats à punir pour des fautes ordinaires, on les
emploîra à ces travaux.

37.

IL fera commandé des bas Officiers avec les Travailleurs,
pour les conduire & faire exécuter ce qui leur aura été
prefcrit; & lorfque le nombre en fera confidérable, on y
commandera des Officiers; ceux du piquet & de l'État-major
feront particulièrement chargés de veiller au travail des communications & à la propreté du camp.

38.

LE moment de l'arrivée des Troupes dans le camp, étant
le plus important pour le bon ordre, les Officiers généraux
attachés aux divifions y refteront jufqu'à ce qu'elles foient
établies.

I

39.

LES Majors des régimens, le premier jour qu'ils arriveront au camp, & ensuite le premier jour de chaque mois, enverront par le Major de brigade, & celui-ci par le Major de la division, au Major général, un état exact de la force de leurs régimens, & du nombre des Officiers présens, auquel ils ajouteront les noms & les grades des Officiers qui manqueront, les raisons de leur absence, & le lieu où ils seront.

40.

LES Majors enverront en même temps & de la même manière au Major général, un état de ce qu'il y aura de poudre, de balles & de pierres-à-fusil dans leurs régimens, pour qu'il leur en fasse donner la quantité nécessaire pour compléter les gibernes.

TITRE X.
Des Piquets & Bivouacs de police.

ARTICLE PREMIER.

L'ANCIEN service des piquets n'aura plus lieu dans la même forme, & il y sera suppléé de la manière suivante.

2.

IL y aura journellement dans chaque compagnie de Fusiliers, deux escouades de service, lesquelles seront pendant les vingt-quatre heures armées & équipées de tout point, & destinées à la fois à remplir les fonctions que faisoient ci-devant les piquets, à garder le camp, & à fournir les gardes & détachemens qui pourroient être commandés.

3.

CES escouades, composées chacune d'un Caporal & huit hommes, formeront par bataillon un piquet de soixante-quatre Fusiliers & huit Caporaux, auquel on joindra deux Sergens & un Tambour. Ce piquet sera commandé, dans chaque bataillon, par un Capitaine & un Lieutenant ou Sous-lieute-

35

nant alternativement; de manière que dans un régiment de deux bataillons, il y ait pour commander les deux piquets, un Capitaine & un Lieutenant ou un Sous-lieutenant.

Les Capitaines-commandans & les Capitaines en second, rouleront ensemble pour ce service, ainsi que cela sera expliqué plus amplement au *Titre XVI.*

4.

Ce Capitaine ayant à ses ordres le Lieutenant & le Sergent de piquet, sera spécialement chargé de la garde & de la police du camp du régiment pendant les vingt-quatre heures.

5.

Les Officiers, Sergens, Caporaux & Soldats de piquet, seront relevés tous les jours à l'heure de la garde.

6.

Ces piquets étant spécialement destinés à fournir tous les détachemens qui pourroient être commandés dans les vingt-quatre heures, ils seront toujours tenus complets dans la proportion indiquée ci-dessus. Il y aura à cet effet, dans chaque compagnie, indépendamment des deux escouades de service qui composeront ces piquets, deux autres escouades de même force, nommées pour être prêtes à marcher, & destinées à remplacer sur le champ les escouades qui auront été tirées du piquet pour les gardes & détachemens. Ces escouades premières à marcher, ne feront d'ailleurs aucun service, ne seront point habillées ni équipées, & n'auront d'autre assujettissement que celui de ne pas sortir du camp.

7.

Lorsque l'escouade première à marcher, aura remplacé dans le piquet son escouade de service qui auroit marché, elle sera sur le champ remplacée par une autre, qui sera tenue de même de ne pas s'écarter du camp.

On aura attention d'égaliser dans les piquets, le service des escouades, de façon qu'il n'en marche jamais deux d'une même compagnie, que toutes celles du régiment n'aient fourni la leur.

8.

LES efcouades des premières à marcher, relèveront le piquet tous les jours à l'heure de la garde, & elles feront remplacées le lendemain, foit qu'elles aient été employées ou non pendant les vingt-quatre heures.

9.

SI l'efcouade de fervice d'une compagnie fe trouve avoir marché à un détachement à pofte fixe ou pour plufieurs jours, elle ne fournira plus d'efcouade à un détachement de même nature, que la première ne lui foit rentrée; à moins toutefois que toutes les autres compagnies ne fuffent dans le même cas. Dans la première fuppofition, l'Adjudant chargé de commander le détachement, fera paffer le tour de cette compagnie, & emploîra fon efcouade à une garde ordinaire, c'eft-à-dire de vingt-quatre heures feulement.

10.

TOUS les jours à l'heure de la garde, il fera tiré du piquet de chaque bataillon, une garde du camp, dont le fervice fera détaillé dans le *Titre fuivant*. Cette garde fera compofée d'un Sergent, de deux efcouades & d'un Tambour; ces deux efcouades feront remplacées immédiatement après qu'elles auront été tirées, conformément à *l'article 6*.

11.

LES Officiers de piquet étant fpécialement chargés de la garde & de la police du camp, ces gardes du camp feront à leurs ordres.

12.

LES détachemens qui pourroient être commandés dans les vingt-quatre heures, quoique tirés ou formés de leurs piquets en totalité, devant, dans ce cas, être commandés par les Officiers premiers à marcher, les Officiers de piquet, à moins que ce ne fût leur tour de marcher en détachement, auquel cas ils feroient relevés, ainfi qu'il fera dit au *Titre IV*, ne feront jamais dans le cas de quitter le camp, & refteront

toujours

37

toujours attachés au fond du piquet, qui devra être renouvelé ou complété, à mesure qu'il sera employé.

13.

LES Officiers & bas Officiers, premiers & seconds à marcher, ne quitteront jamais le camp de leur régiment, afin de pouvoir être avertis & prêts à marcher aussitôt qu'ils seront commandés.

14.

LES piquets ne marcheront dans aucun cas, sous ce nom, pas même pour les exécutions, auxquelles on enverra des détachemens armés au tour des corvées, ainsi qu'il sera dit au *Titre XVI, article 35 ;* mais ils pourront être assemblés & employés dans l'enceinte du camp de la brigade, ce service intérieur leur étant spécialement destiné.

15.

LA tente du front de bandière de chaque demi-compagnie, sera toujours affectée à l'escouade de service ou de piquet, laquelle, ainsi qu'il a été dit, devra toujours être habillée, équipée & prête à prendre les armes au premier ordre.

16.

LES Soldats de piquet placeront leurs armes au chevalet destiné à cet usage.

17.

A l'arrivée au camp, les piquets seront mis en bataille à trente pas des faisceaux en avant des drapeaux; ils y demeureront jusqu'à ce que les Soldats soient revenus de l'eau, du bois & de la paille.

18.

PENDANT qu'on tendra le camp, un Sergent du piquet en détachera un Caporal & quatre Soldats, pour aller dresser le chevalet, où les armes du piquet devront être posées.

19.

LE chevalet sera mis à la droite du camp du bataillon, dans l'intervalle du front de bandière aux faisceaux, observant

K

de le placer de même fur la gauche, dans les brigades qui feront campées en colonnes renverfées.

20.

LE régiment étant établi dans le camp, & les Soldats revenus de l'eau, du bois & de la paille, on fera rentrer le piquet, qui ira fe mettre en bataille dans l'intervalle de fon bataillon, du côté où le chevalet aura été placé, fon premier rang s'alignant fur le front de bandière.

21.

L'OFFICIER de piquet fera enfuite préfenter les armes aux Soldats de fon piquet, & les fera défiler devant lui pour pofer leurs armes au chevalet.

22.

CHAQUE piquet fournira trois fentinelles fur le front du camp, l'une à fes armes, la feconde aux drapeaux, la troifième à l'autre aile du bataillon; & trois placées de même fur le derrière du bataillon: Il fournira outre cela une fentinelle à la tente du Colonel ou Commandant du régiment, & une à la tente du Major, où fera toujours la caiffe.

23.

LES fentinelles du front du bataillon, empêcheront que perfonne ne touche aux drapeaux fans permiffion, ni ne prenne les armes aux faifceaux.

24.

OUTRE les confignes ordinaires, il fera expreffément configné à toutes ces fentinelles, de ne laiffer fortir aucun Soldat du camp, foit de jour, foit de nuit, fans qu'il foit conduit par des bas Officiers.

25.

TOUS les jours, à l'heure de l'affemblée des gardes, les anciens & les nouveaux piquets prendront les armes & fe rendront au centre de la brigade pour y être infpectés par le Brigadier & l'État-major de la brigade. Les nouveaux piquets prendront la droite des anciens.

39

26.

L'INSPECTION étant faite, & les gardes montées, les anciens piquets rentreront, & les nouveaux iront poser leurs armes au chevalet, comme il a été dit ci-dessus, *articles 13 & 14.*

27.

LES piquets étant rentrés dans le camp, seront toujours prêts à marcher; pour cet effet, les Officiers, bas Officiers & Soldats, ne pourront sortir du camp de leurs régimens, ni se déshabiller, ils resteront habillés & armés jour & nuit.

28.

A la retraite, tous les piquets prendront les armes.

29.

A la même heure il sera tiré du piquet de chaque bataillon, une garde d'un Sergent & trois escouades; chacune de ces gardes se portera cinquante pas en avant de la place des drapeaux de son bataillon, & y passera la nuit au bivouac.

Les Capitaines & Lieutenans du piquet de la brigade, partageront entr'eux la nuit, en sorte qu'il y ait toujours par brigade un Capitaine & un Lieutenant qui veille au front du camp. Ces Officiers visiteront les différens bivouacs de chaque bataillon, & tiendront la main à ce qu'ils soient éveillés. Ils visiteront pareillement les gardes du camp, pour voir si elles sont en état.

30.

CE bivouac relèvera toutes les sentinelles du piquet, prendra leurs consignes, & veillera toute la nuit au bon ordre du camp.

31.

APRÈS que les bivouacs auront été tirés, & la retraite battue, les piquets rentreront, & les bas Officiers & Soldats qui ne seront pas de bivouac, iront coucher dans leurs tentes.

32.

LEURS armes resteront au manteau d'armes du piquet, & elles seront gardées par une sentinelle du bivouac.

33.

Si la proximité de l'ennemi engageoit à faire coucher au bivouac la totalité des piquets, ils se rassembleroient alors en avance du centre de la brigade, & le plus ancien Capitaine de piquet des deux régimens en prendroit le commandement.

Si le Brigadier ou Commandant de la brigade le juge à propos, il nommera un Officier supérieur de sa brigade pour en prendre le commandement.

34.

Les escouades de bivouacs & les détachemens qui seront tirés des piquets pendant la nuit, ne seront, à moins d'ordre contraire, remplacés que le lendemain, une heure avant l'assemblée des gardes dans le nouveau piquet qui se formera.

35.

Dès que la retraite sera battue, les Officiers du piquet feront replier les drapeaux par les bas Officiers des bivouacs, & ils seront couchés sur deux petites fourches.

36.

Ces Officiers assisteront à la visite que les bas Officiers des compagnies feront de leurs faisceaux d'armes, & ils les consigneront de nouveau aux sentinelles du front du camp.

37.

Ils auront pareillement soin qu'une heure après la retraite battue, les Sergens de bivouacs fassent éteindre les feux, rentrer les Soldats dans leurs tentes, qu'ils fassent sortir ceux qui seroient chez les Vivandiers, arrêter les filles de mauvaise vie & autres gens suspects, pour être conduits le lendemain au Prévôt.

Il sera fait une semblable visite à minuit, & une autre une heure devant le jour. Les Sergens des bivouacs seront chargés de faire ces visites.

38.

Si le Général jugeoit à propos de faire coucher les piquets au bivouac, lorsque les Officiers généraux de jour, & les

Officiers

Officiers supérieurs de piquet, & ceux de l'État-major de la brigade arriveront à portée d'eux, la sentinelle, dès qu'elle les découvrira, criera, *qui vive!* il sera répondu *France :* elle demandera ensuite de quel régiment & quel grade ? Quand l'Officier aura indiqué son grade, la sentinelle l'arrêtera en criant, *halte-là.* Alors un Caporal & deux Fusiliers du piquet s'avanceront jusqu'à la sentinelle, la baïonnette au bout du fusil : le Caporal criera, *avance qui a l'ordre ,* afin de recevoir le mot de l'Officier général ou supérieur : ayant reçu le mot, & reconnu celui qui le lui aura donné, il enverra un Fusilier en rendre compte à l'Officier commandant le piquet qui l'aura mis en bataille; l'Officier s'avancera ensuite à six pas en avant de la sentinelle, escorté du Caporal & des deux Fusiliers, & dira *avance à l'ordre.* L'Officier général ou supérieur s'avancera, & recevra le mot de l'Officier commandant le piquet, qui le lui fera voir ensuite.

TITRE X.

39.

TOUS les matins, à l'heure de la garde, les bivouacs rentreront dans le piquet d'où ils ont été tirés, & leur garde sera censée faite.

40.

TOUTES les fois que les régimens prendront les armes pour des revues, manœuvres, marches ou actions de guerre, les piquets entreront dans les compagnies.

41.

LES jours de marche, le chevalet ou le manteau d'armes du piquet seront portés alternativement par un des chevaux des compagnies. Les Caporaux de piquet auront soin, lorsqu'on battra l'assemblée, de les envoyer à la compagnie dont ce sera le tour à les faire porter.

42.

LORSQUE le Général, le Major général, les Officiers généraux de la division, ou le Commandant de la brigade le jugeront à propos, on exercera les piquets à la tête du camp, aux heures qu'ils indiqueront.

L

LES piquets ne prendront jamais les armes fans un ordre pofitif du Général, des Officiers généraux de jour, du Major général, des Aides-majors généraux, & des Brigadiers & Officiers fupérieurs de la brigade, ou en cas d'alarme.

44.

ILS ne rendront jamais d'honneurs à perfonne, mais lorfqu'ils auront à paroître, pour faire voir qu'ils font en état, ils fe mettront en bataille fans armes, les Officiers & les Sergens à leur tête, dans l'intervalle de leurs bataillons, près du chevalet de leurs armes, alignés au front de bandière.

45.

ILS fe préfenteront en cet état au Commandant de l'armée, aux Princes du Sang & légitimés de France, aux Maréchaux de France, aux Officiers généraux de jour, à l'Officier général commandant la divifion, & au Major général, lorfqu'ils les demanderont.

46.

LORSQUE le Général de l'armée, les Princes du Sang & légitimés de France, & les Maréchaux de France, pafferont le long du front du camp, les Soldats rempliront les rues du camp, en veftes & en bonnets, s'alignant fur le front de bandière.

TITRE XI.

De la Garde du Camp.

ARTICLE PREMIER.

LA garde du camp fera compofée d'un Sergent, d'un Caporal, d'un Tambour, & de deux efcouades par bataillon.

2.

CELLES des bataillons de la première ligne, feront placées à cent trente pas en avant des faifceaux, au centre de chaque

43

bataillon; & celles de la feconde ligne à pareille diftance
des dernières tentes des Soldats.

3.

LES jours de marche, les nouvelles gardes du camp
s'affembleront avec les campemens de leurs bataillons, &
marcheront à leur fuite.

4.

LORSQUE le camp fera marqué, les gardes du camp
fe rendront à leurs poftes, & auffitôt qu'elles y feront établies,
elles élèveront chacune un redan devant elles.

5.

LES gardes du camp ne fourniront que deux fentinelles
en avant de leurs poftes, vis-à-vis les ailes de leurs bataillons,
& une troifième à leurs armes; ces fentinelles empêcheront
qu'aucun Soldat ne forte du camp, s'il n'eft conduit par un
Officier ou bas Officier; toutes les autres fentinelles de
l'intérieur du camp feront fournies par les piquets.

6.

LA garde du camp étant placée plutôt pour la police que
pour la fûreté de l'armée, il lui fera donné un manteau
d'armes & une tente, dans laquelle les Soldats pourront
fe repofer.

7.

CETTE tente & le manteau d'armes feront portés dans
les marches, alternativement par un des chevaux des compagnies; on les y fera porter à l'affemblée par le Caporal
& un Soldat de la garde du camp.

8.

LES Soldats de la garde du camp, ne pouvant s'écarter
fous aucun prétexte, on leur portera la foupe.

9.

LA punition de la garde du camp, étant abfolument
contraire au bien du fervice, à caufe des maladies qui en
réfultent, on n'y mettra les Soldats que pour des crimes &

des fautes très-graves, & alors ils y feront attachés & gardés à vue.

10.

Dès que les gardes du camp apercevront une troupe armée, elles prendront les armes, & garniront la banquette de leurs redans, jufqu'à ce que cette troupe foit paffée & éloignée de leur pofte.

11.

Si cette troupe marche tambour battant ou trompette fonnante, le Tambour de la garde battra *aux champs*.

12.

La garde du camp rendra aux Officiers généraux & fupérieurs des piquets les honneurs prefcrits au *Titre XXXV, des Honneurs militaires*.

13.

Lorsque ces Officiers, ainfi que les Capitaines & Lieutenans de piquet de leurs brigades les vifiteront la nuit, elles obferveront, pour les recevoir, ce qui eft prefcrit au *Titre X, des Piquets, article 38*.

14.

La garde du camp obfervera de même, pour la découverte du matin, les patrouilles, & pour arrêter & reconnoître les détachemens qui pourroient en paffer à portée, tout ce qui eft prefcrit dans le *Titre XX, Service des Gardes dans leurs poftes*.

15.

Les Sergens des gardes du camp fe trouveront tous les foirs à l'ordre, & ils conficront en cette feule occafion le foin de leur garde au Caporal.

16.

Tous les Tambours des gardes du camp de la ligne, battront *la diane* au point du jour, & le fignal en fera donné par le Tambour du bataillon de la droite.

17.

Les jours de marche, l'ancienne garde du camp
marchera

45

marchera immédiatement après la compagnie de Grenadiers ;
& si cette compagnie est détachée, à la tête de chaque
bataillon.

18.

S'il y a des prisonniers, le Sergent les fera mettre au
centre de sa garde.

19.

Les criminels seront particulièrement gardés par des
Fusiliers, qui marcheront à côté d'eux le fusil sur le bras & la
baïonnette au bout, & tenant de l'autre main le bout de
la corde à laquelle ils seront attachés, le Caporal marchera
derrière eux armé de même.

20.

Cette garde rentrera à l'arrivée de la troupe au
nouveau camp, & après avoir remis ces prisonniers & sa
consigne, à la nouvelle garde déjà postée.

TITRE XII.
Des Officiers supérieurs de piquet.

ARTICLE PREMIER.

Il sera nommé tous les jours à l'ordre, outre les Officiers
généraux de jour, un Brigadier, un Colonel, un Lieutenant-
colonel & un Major, pour être de piquet pendant vingt-
quatre heures ; leur service commencera tous les jours à
l'heure de l'ordre.

2.

Ces Officiers se trouveront à la tête des piquets toutes
les fois qu'on les assemblera.

3.

Lorsque le Général jugera nécessaire de faire coucher
les piquets au bivouac, le Brigadier, le Colonel, le Lieutenant-colonel de piquet, feront chacun une ronde dans
le camp pendant la nuit, dont l'heure sera réglée par le

M

Brigadier, & ils passeront à la tête & à la queue du camp, & entre les deux lignes, pour examiner si les piquets sont en état.

4.

CES Officiers supérieurs, dans leurs visites de nuit, seront reçus par les gardes du camp & des piquets, comme il est prescrit au *Titre X, des Piquets, article 38.*

5.

LE Brigadier, le Colonel, le Lieutenant-colonel & le Major de piquet, se trouveront à l'heure de la garde chez le Lieutenant général de jour, pour y recevoir ses ordres.

6.

LE Major de piquet remettra aux Officiers généraux de jour, l'état des gardes, en indiquant les lieux où elles seront postées.

7.

LE Brigadier, le Colonel, le Lieutenant-colonel & le Major de piquet, suivront les Officiers généraux de jour, dans la visite qu'ils feront des postes, ou recevront leurs ordres pour les aller visiter.

8.

DANS ce dernier cas, ils examineront si les postes & leurs sentinelles seront bien placés, & si on les aura mis hors d'insulte & en état de défense; & ils questionneront les Capitaines pour savoir si on leur aura consigné tout ce qui sera nécessaire.

9.

A leur retour, ils rendront compte aux Officiers généraux de jour de ce qu'ils croiront qu'il y auroit à changer.

10.

LORSQUE les détachemens de plusieurs divisions devront s'assembler dans un des points de la ligne, le Major de piquet les rassemblera au rendez-vous indiqué.

11.

IL y aura tous les jours à chaque brigade, un Adjudant de piquet, qui sera nommé à l'ordre par le Major de brigade.

47

I 2.

CET Adjudant aura l'état des Officiers de la brigade qui feront les premiers à marcher.

I 3.

IL ne fortira pas du camp, pour être toujours prêt à faire exécuter diligemment les ordres qui arriveront tant de jour que de nuit.

I 4.

IL conduira les détachemens commandés, au rendez-vous donné pour les affembler, ainfi que les piquets de la brigade, lorfqu'ils devront marcher aux exécutions.

I 5.

IL fera toutes les nuits une ronde dans la brigade, à l'heure qui lui paroîtra la plus convenable, efcorté d'un Sergent & de deux Fufiliers du bivouac, pour examiner fi les fentinelles font alertes, & s'il ne fe paffe pas de défordre.

I 6.

IL vifitera pareillement les gardes du camp, pour voir fi les Sergens & leurs gardes feront leur devoir, après néanmoins leur avoir donné le mot, afin d'en être reconnu.

I 7.

LES jours de marche, les Officiers fupérieurs de piquet fe trouveront au rendez-vous général des campemens, s'il en a été indiqué un; ou s'il n'y a rien eu d'ordonné de particulier, ils fe rendront à la tête des Grenadiers & Chaffeurs de la feconde divifion d'Infanterie, pour marcher à la tête des campemens de cette divifion, & s'employer, fous les ordres du Maréchal-de-camp de jour, à tout ce qui fera relatif à l'établiffement & à la fûreté du nouveau camp.

I 8.

LE Major de piquet rangera les bataillons de Grenadiers, les nouvelles gardes & campemens, dans le même ordre dans lequel les brigades font campées dans l'armée; & il fuivra le Maréchal-de-camp de jour, & les autres Officiers supérieurs de piquet, lorsqu'ils se mettront en marche pour aller au nouveau camp.

TITRE XII.

19.

A mesure que le Maréchal-de-camp de jour placera chaque garde, le Major de piquet prendra note du lieu où elle sera postée, & de la brigade qui l'aura fournie; il en remettra un état au Major général & un autre au Major de piquet qui le relèvera.

TITRE XIII.

De la division & du service de l'Armée pendant la campagne.

ARTICLE PREMIER.

IL sera fait au commencement de chaque campagne, d'après les ordres du Général, par le Maréchal-général-des-logis de l'armée, un ordre de bataille, dans lequel les Officiers généraux & les Brigadiers seront placés suivant leurs rangs d'ancienneté.

2.

ON observera cependant d'attacher à l'Infanterie, & à la Cavalerie de préférence, autant qu'il se pourra, les Officiers généraux qui auront toujours servi dans ces Corps.

3.

L'ARMÉE sera partagée pendant toute la campagne, en quatre divisions d'Infanterie, & deux ailes de Cavalerie.

4.

CHAQUE division d'Infanterie sera composée du quart des brigades de première & seconde ligne; elles seront nommées une fois à l'ordre au commencement de la campagne; & cela ne changera plus, à moins que le Général ne juge à propos d'ordonner qu'il soit fait un nouvel ordre de bataille.

Les Généraux des Armées, & les Officiers généraux qui
y

49

y feront employés, pourront cependant, lorfque le befoin
le demandera, placer dans les différens poftes, & faire
marcher en détachement indiftinctement, toutes les brigades
ou régimens d'Infanterie; défendant Sa Majefté qu'il n'y ait
jamais de difcuffion de rang à cet égard, & voulant que les
droits d'ancienneté de brigades & régimens, foient toujours
fubordonnés aux difpofitions des Généraux.

5.

LA divifion de la droite de l'Infanterie, fera nommée
première divifion, & celles qui la fuivront *feconde*, *troifième*
& quatrième; en forte que celle qui fermera la gauche fera
la quatrième.

6.

LORSQU'IL aura été détaché une ou plufieurs brigades
d'une divifion, & qu'elles rentreront en ligne, elles reprendront leur rang dans la divifion.

7.

IL y aura deux brigades d'Infanterie, deftinées à couvrir
les flancs de chaque aile de Cavalerie.

Chacune de ces brigades fera aux ordres du Lieutenant
général commandant de l'aile, elles s'appelleront *Brigades*
de flanc.

8.

L'ARTILLERIE de parc de l'armée, fera partagée en fix
divifions. La première fera de fix pièces de douze & de fix
pièces de huit; elle fera appelée *divifion d'artillerie d'avant-*
garde, & fera deftinée à marcher avec les bataillons de
Grenadiers & Chaffeurs, toutes les fois qu'ils s'affembleront.

Cette divifion d'artillerie parquera en avant du centre de
l'Infanterie de première ligne, & marchera toujours avec les
campemens.

Il fera formé quatre autres divifions d'artillerie du quart
des pièces d'artillerie, & des chariots de munition qui
compoferont l'artillerie de l'Armée. Chacune de ces divifions
d'artillerie fera attachée à une divifion d'Infanterie, & parquera

N

avec elle dans le lieu qui lui sera marqué, soit à la tête, soit entre les deux lignes. Elle marchera à la suite de la division d'Infanterie, par la même colonne. Elles se nommeront *première, deuxième, troisième, quatrième division d'artillerie,* suivant le numéro de la division d'Infanterie à laquelle elles seront attachées.

Outre les munitions des pièces de parc, chaque division d'artillerie aura avec elle les munitions nécessaires pour le canon de régiment, ainsi que des cartouches à fusils, proportionnément au nombre de Troupes qui composeront les divisions auxquelles elles seront attachées; on y joindra aussi des chariots d'outils & des effets de rechange.

Le gros parc formera la sixième division d'artillerie; il lui sera marqué le terrein où il devra se placer, & les jours de marche, on lui indiquera la colonne par laquelle il devra marcher.

Lorsque le Général jugera à propos de former des avant-gardes ou corps détachés, on formera pour eux une division d'artillerie proportionnée à leurs forces, comme il sera expliqué au Titre suivant, *des Avant-gardes & Corps détachés.*

9.

CHAQUE division d'Infanterie sera commandée par un Lieutenant général, qui sera nommé pour toute la campagne, & aura sous lui plusieurs Officiers généraux.

10.

IL sera marqué aux Officiers généraux, les logemens les plus à portée de la division à laquelle ils seront attachés.

11.

AU cas que le Lieutenant général, commandant la division, fût absent, l'Officier général le plus ancien de la division la commandera, sans que ceux de la division la plus prochaine puissent en aller prendre le commandement, à moins d'un ordre exprès du Général.

12.

LE Lieutenant général commandant la division, sera chargé de tout le détail qui la concerne; discipline, police,

57

gardes, travaux de communication, &c. Ce fera à lui que les
Officiers généraux attachés aux brigades, rendront compte
de tout ce qui concernera ces objets, ainſi que les Brigadiers
& Colonels.

13.

IL y aura tous les jours dans chaque diviſion un Maréchal-
de-camp ou Brigadier, nommé pour être chargé, ſous le
Lieutenant général, de la diſcipline de la diviſion; il fera
la viſite du camp, des gardes, des communications, &c. Il
ordonnera ce qu'il croira néceſſaire, & en rendra compte
au Lieutenant général commandant, qui inſtruira le Général
de tout ce qui pourra en valoir la peine.

14.

LES Brigadiers feront chargés de veiller aux gardes de
leurs brigades, & à les faire retrancher & fervir. Ils ordonneront de l'heure & du nombre des appels, & feront exécuter
dans leurs brigades tous les ordres qui feront donnés.

Les Colonels auront les mêmes détails dans leurs régimens,
& afin que la ſubordination la plus exacte ſoit obſervée dans
chaque diviſion, ils rendront compte de tout ce qui le méritera
à leur Brigadier, celui-ci au Maréchal-de-camp attaché à
ſa Brigade, & ce dernier au Lieutenant général commandant
la diviſion.

15.

LE plus ancien Major de brigade de chaque diviſion, fera
le détail de cette diviſion.

Pendant la nuit il aura un fanal élevé au haut d'une
perche qui indiquera ſa tente.

16.

CE fera à lui que le Major général adreſſera directement
tous les ordres; il les diſtribuera fur le champ aux Majors de
b g des de la diviſion, & en rendra compte au Lieutenant
général commandant.

17.

IL y aura à la tente du Major de la diviſion, un Sergent

& un Caporal d'ordonnance de chacune de ces brigades, par lesquels il leur fera passer sur le champ les ordres qu'il aura à leur envoyer.

18.

IL y aura outre cela un Officier d'ordonnance, prêt à aller porter au Lieutenant général les ordres qui parviendront au Major de la division.

19.

LES Officiers généraux attachés à la division, devant être logés à portée du Lieutenant général qui la commandera, ils feront prendre tous les jours, chez lui, par leurs Aides-de-camp, l'ordre journalier.

20.

QUANT aux ordres inattendus, ou ceux les concernant particulièrement, ils leur feront envoyés par l'ordonnance de leur garde, & même, dans un cas pressé, portés par l'Officier chargé d'aller chez le Lieutenant général commandant la division.

21.

LES gardes des Officiers généraux de chaque aile de Cavalerie, seront fournies par la brigade d'Infanterie de flanc attachée à cette aile; s'ils étoient trop nombreux pour qu'elle pût y suffire, le Major général de l'Infanterie nommeroit d'autres régimens pour y suppléer.

22.

POUR accélérer de plus en plus le service, il partira tous les jours de chaque aile de Cavalerie, à l'heure où l'on battra *la garde*, deux détachemens de huit Cavaliers chacun, qui se rendront aux tentes des quatre Majors de division d'Infanterie, pour y servir d'ordonnance.

23.

LES Majors de Cavalerie donneront à l'un des huit Cavaliers, un billet qui indiquera la division à laquelle ils feront destinés, & ces Cavaliers ne partiront que tous huit ensemble.

53

24.

Il sera fait mention au même billet, de l'heure à laquelle ils auront été expédiés. Le Major de division donnera un reçu aux Cavaliers relevés, & il y marquera l'heure de l'arrivée des nouveaux, & celle du départ des anciens.

25.

De ces huit Cavaliers, le Major de la division en enverra deux sur le champ chez le Général, pour lui rapporter les ordres qu'il aura à lui envoyer; des six autres, il en enverra deux à chacune des grandes gardes que la division fournira, & il en gardera deux auprès de lui.

26.

Si la division fournissoit plus de deux grandes gardes, il n'enverroit qu'un Cavalier à chacune, devant toujours en garder deux près de sa tente.

27.

Les Officiers de garde se serviront de ces Cavaliers pour faire passer promptement au Major de la division les nouvelles qu'ils pourroient avoir à leur mander; & si cela étoit fort pressant, comme la marche d'un corps ennemi, &c. ils le manderoient en même-temps au Général.

28.

Il y aura pareillement trois ordonnances de Cavalerie attachées à chacune des deux brigades qui couvriront les ailes de Cavalerie, dont l'une sera envoyée chez le Général, la seconde restera chez le Major de brigade, & la troisième sera envoyée au poste que la brigade pourra fournir sur le flanc de l'armée.

29.

Il sera expressément défendu de se servir de ces ordonnances pour d'autres objets que ceux marqués ci-dessus.

30.

Les jours de marche, les ordonnances du Général marcheront avec la garde du quartier général, & les six

O

autres Cavaliers qui feront d'ordonnance chez chaque Major de division, marcheront à la tête de la première brigade de la division, & ne la quitteront pas fans avoir été relevés.

31.

LES Majors de la brigade n'iront plus à l'ordre au quartier général, & il n'y aura plus d'ordre dicté publiquement chez le Major général.

32.

L'ORDRE fera envoyé par écrit & cacheté, aux Majors des divifions, qui le diftribueront aux brigades qui les compofent, & feront le détail particulier de leur fervice.

33.

LE Major général enverra pareillement l'ordre par écrit aux Majors des brigades de flanc, & à ceux de l'Artillerie & du Génie.

34.

LES Aides-majors généraux feront eux-mêmes porteurs de tous les ordres importans, comme marches d'armée ou d'un gros détachement.

35.

LE Major général fera mention, dans les ordres, de l'heure à laquelle ils auront été envoyés; & les Majors des divifions, dans les reçus, de l'heure à laquelle ils leur feront parvenus.

36.

CETTE précaution fera prife également par les Majors des divifions, vis-à-vis des Majors de brigades; & par les Majors de brigades, vis-à-vis les Majors des régiments.

37.

TOUS les reçus, confignes & ordres quelconques, feront écrits avec de l'encre, & tous les ordres cachetés.

38.

LES Majors de divifions auront un contrôle, pour faire fournir chaque brigade à fon tour; & le Major général en

55

aura un, pour égalifer le fervice des quatre divifions autant
qu'il fera poffible.

39.

CHAQUE divifion & brigade de flanc, fournira les poftes
les plus à portée de fon camp.

40.

LES jours de marche, le Maréchal-de-camp de jour aura
attention à cet objet dans la répartition des poftes.

41.

LORSQUE les Officiers généraux des divifions, jugeront à
propos de placer des gardes pour la fûreté ou police de
leurs divifions, le Major en rendra compte le lendemain
au Major général.

42.

DANS les camps de féjour, le Major de divifion aura foin
que les mêmes poftes foient, autant qu'il fe pourra, occupés
par des gardes des mêmes brigades.

43.

IL enverra tous les matins au Major général, avec l'appel
de la divifion, le détail des gardes & détachemens qu'elle
aura fournis dans les vingt-quatre heures.

44.

DANS les réferves ou corps détachés, où il n'y aura pas
un nombre fuffifant de brigades pour former des divifions,
le fervice fe fera par brigades, & elles enverront un Sergent
& un Caporal d'ordonnance chez l'Aide-major général chargé
du détail. S'il n'y avoit point d'Aide-major général, le Major
du plus ancien régiment en feroit les fonctions.

TITRE XIV.

Des Avant - gardes, des Corps détachés & des Réserves.

ARTICLE PREMIER.

OUTRE la division de l'armée, prescrite au Titre précédent, il sera encore formé, suivant sa force, un ou plusieurs corps d'avant-garde, pour couvrir son front & ses flancs.

2.

DANS les armées nombreuses, il y en aura trois, il seront appelés *Corps d'avant - gardes de la droite, de la gauche* ou *du centre*, suivant la première destination que le Général leur aura donnée au commencement de la campagne; & ces noms ne changeront plus jusqu'à ce qu'elle finisse, en quelque lieu que le Général juge à propros de les employer.

3.

CES corps feront ordinairement placés en avant de l'armée, pour l'avertir des mouvemens des ennemis, empêcher qu'elle ne puisse être surprise, diminuer le nombre des gardes, faciliter ses fourrages, & couvrir l'ouverture de ses marches. Ils feront aussi les avant-gardes & les arrières-gardes de l'armée.

4.

ILS pourront être employés, suivant les circonstances, à couvrir ses flancs ou ses communications, à occuper des postes importans, & être réunis en un seul corps ou joints à d'autres Troupes pour faire effort, & entreprendre en quelque point sur l'ennemi.

5.

ILS feront composés d'une ou plusieurs brigades de Dragons, & de quelques régimens de Cavalerie & d'Infanterie, qu'on renforcera au besoin de bataillons de Grenadiers & Chasseurs;

57

Chasseurs; on leur attachera une division d'artillerie de
parc, proportionnée à leur force, avec des munitions pour
le canon de l'Infanterie, & des cartouches à fusils, & un
petit détachement de l'hôpital ambulant.

6.

LE Général choisira, pour commander ces corps, des
Officiers généraux ou Brigadiers, dont les talens & l'expérience dans cette sorte de guerre soient bien éprouvés.

7.

LORSQUE les armées seront considérables, comme il est
nécessaire de ne pas tenir toutes les Troupes qui la composent ensemble, soit pour faciliter les subsistances, soit pour
opérer séparément, il sera formé un ou plusieurs corps
détachés, composés d'Infanterie, de Cavalerie & d'Artillerie;
on y joindra des régimens de Dragons & des Troupes-
légères, pour leur servir d'avant-garde, & on y attachera des
Aides des États-majors généraux, pour en faire le détail.

Ces corps seront appelés *corps détachés de la droite* ou
de la gauche, comme il a été dit ci-dessus, pour les corps
d'avant-gardes.

8.

IL sera observé, quant à la division, le service & la
police de ces corps détachés, tout ce qui est prescrit dans
le présent Règlement pour l'armée; ces corps devant être
regardés comme de petites armées, aussi subordonnées
cependant que le fond de l'armée au Général en chef.

9.

LE Général fera en conséquence, toutes les fois qu'il le
jugera à propos, rentrer ces corps détachés en tout ou en
partie, & il le fera de temps en temps pour laisser reposer
les Troupes qui les auront composés, faire partager également la fatigue & les occasions d'agir, à toutes celles de
l'armée, & former un plus grand nombre d'Officiers généraux, en les employant, soit en chef, soit en second, au
commandement de ces corps.

P

10.

LE Général choifira dans le nombre des Officiers généraux, ceux qu'il connoîtra les plus capables pour commander ces corps détachés, & il y attachera fous eux d'autres Officiers généraux.

11.

IL pourra y avoir auffi des corps en réferve, campés avec l'armée, deftinés à foutenir dans les actions, les parties de la ligne qui pourroient en avoir befoin, ou à y remplacer les Troupes qui auroient fouffert, ou qui en auroient été tirées pour quelque deftination particulière ; mais ils ne devront être regardés que comme des divifions de l'armée, & ils recevront les ordres des Chefs des États-majors.

12.

LORSQUE les corps de réferve feront feulement d'Infanterie, il fera envoyé tous les jours au Major qui en fera le détail, par l'aile de Cavalerie qui en fera la plus proche, le même nombre de Cavaliers d'ordonnance qu'au Major d'une divifion d'Infanterie ; quand ces corps feront compofés de Cavalerie & d'Infanterie, la Cavalerie qui en fera partie fournira les ordonnances.

13.

LE Général choifira de même les Officiers généraux ou fupérieurs, auxquels il jugera à propos de confier le commandement des corps en réferve.

14.

LES Commandans des avant-gardes des corps détachés & des réferves, feront parvenir au Général tous les comptes qu'ils auront à lui rendre dans la forme fuivante. La date du jour, du lieu & de l'heure fera mife au haut de la feuille ; enfuite en gros caractères, *Rapport ;* après quoi on fera le détail de tout ce dont on aura à informer le Général, & on le fignera, fans préambule & fans la formule qu'il eft d'ufage de mettre au commencement & à la fin des lettres. Le Général en ufera de même dans fes réponfes, qui fe

59

borneront à donner ses ordres & à expliquer les moyens
qu'il veut qu'on employe pour leur exécution. Si ces rapports
sont relatifs à des nouvelles de l'ennemi, celui qui les fera,
en suite de la date, du lieu & de l'heure, observera toujours
d'expliquer précisément le point où il se trouvoit, lorsqu'il a
vu ce dont il rend compte; à quels points il faisoit face,
quels étoient ceux qu'il avoit à sa droite ou à sa gauche, de
manière que le Général puisse, en lisant ce rapport, ne point
se tromper sur la position ou la direction de l'ennemi.

Tous les Officiers détachés se conformeront à cet article
dans les comptes qu'ils auront à rendre, soit au Général,
soit aux Officiers généraux ou supérieurs aux ordres desquels
ils se trouveront.

TITRE XV.

De l'Ordre à observer dans l'Armée pour commander les Gardes & les Détachemens.

ARTICLE PREMIER.

LE service que l'Infanterie aura à faire dans l'armée, sera
dorénavant de deux sortes; le premier sera appelé *Service
intérieur de l'armée*, & le second *Détachement de guerre*.

2.

Sous la dénomination du service intérieur de l'armée,
seront compris les grandes gardes, gardes de police, escortes
& postes de communication.

3.

Par celle des détachemens de guerre, on entendra les
avant-gardes ou arrières-gardes d'armée, & les différentes
opérations de guerre pour entreprendre sur l'ennemi.

4.

Pour le service intérieur de l'armée, on commandera
des détachemens formés d'un nombre d'escouades tirées
de chaque compagnie du bataillon.

5.

POUR les détachemens de guerre, il fera toujours employé, fuivant leurs forces, des brigades, régimens, bataillons, ou bataillons & compagnies de Grenadiers & de Chaffeurs.

6.

IL ne fera jamais envoyé de brigades des régimens ou bataillons en détachement, qu'ils n'aient leurs compagnies de Grenadiers & de Chaffeurs avec eux.

7.

LES compagnies de Grenadiers & Chaffeurs ne feront jamais commandées pour le fervice intérieur de l'armée, les bataillons qu'elles formeront devant toujours être entiers & prêts à marcher au premier ordre.

8.

POUR diminuer le nombre des gardes de police, toujours onéreux pour l'Infanterie de la ligne, il y aura, fuivant la force de l'armée, un ou plufieurs régimens provinciaux deftinés à couvrir le quartier général, & à fournir tous les poftes qui le concernent, & les petites efcortes journalières dont on aura befoin.

9.

L'ÉTAT-MAJOR de l'Infanterie commandera les Troupes, pour ces différens fervices, par divifions; obfervant d'avoir égard au nombre de brigades dont elles feront compofées, pour que les divifions ne fourniffent qu'à proportion de leur force.

10.

POUR cet effet, le Major général aura un contrôle des divifions de l'armée, fur lequel feront marquées exactement toutes les Troupes commandées, afin de pouvoir égalifer le fervice des divifions.

11.

DANS les cas preffés, il pourra faire fournir les Troupes
dont

6t

dont on aura befoin, par la divifion qui fe trouvera la plus
à portée, & il lui en tiendra compte enfuite.

TITRE. XV.

12.

LE Major général tiendra particulièrement des contrôles
des Brigadiers, Colonels & Lieutenans-colonels de l'armée,
pour les commander chacun à leur tour.

13.

LES Brigadiers feront commandés par rang d'ancienneté.

14.

LES Colonels, Lieutenans-colonels & Majors, feront
commandés fuivant le rang de leur régiment.

15.

LES Lieutenans-colonels, titulaires des régimens des
Gardes-françoifes & Suiffes, & les Capitaines qui fe trouveront à la tête & commandant lefdits régimens, & qui
n'auront point de Lettres de fervice en qualité d'Officiers
généraux & de Brigadiers, tiendront rang de premiers
Colonels d'Infanterie.

16.

LES autres Capitaines defdits régimens, tiendront rang
de Colonels d'Infanterie, du jour que le rang leur a été
accordé par l'*Ordonnance du 26 mars 1691*, de même que
s'il avoit été créé ce jour-là un régiment de chacune des
compagnies defdits régimens.

Les Lieutenans-colonels defdits régimens, tiendront
rang de Lieutenans-colonels, & marcheront après tous les
Lieutenans-colonels en pied, & avant tous les Lieutenans-
colonels réformés ou par commiffion.

Les Sous-lieutenans & Enfeignes marcheront après les
Capitaines, & devant tous les Lieutenans des autres régimens.

17.

LORSQUE le Général jugera à propos de faire marcher
des Majors aux détachemens, ils y commanderont fuivant
leur grade & l'ancienneté de leurs commiffions.

Q

TOUTES les fois qu'un bataillon d'Infanterie fera détaché, il fera commandé par l'Officier fupérieur qui lui eft attaché, par l'ordonnance de conftitution : ainfi, le Colonel en fecond marchera avec le premier bataillon, & le Lieutenant-colonel avec le fecond. Il va de fuite que le Colonel-commandant & le Major, fuivront toujours le fort du premier bataillon.

TITRE XVI.

De l'Ordre à obferver dans les Régimens, pour commander les Gardes & les Détachemens.

ARTICLE PREMIER.

LES Majors des brigades tiendront un contrôle de leur brigade, où ils marqueront les Officiers & Soldats qui feront commandés, par proportion du nombre de leurs bataillons & par rang de régiment, en commençant par le régiment chef de brigade.

2.

CHAQUE Major de régiment tiendra un contrôle des bataillons dudit régiment, compagnie par compagnie, fur lequel il marquera les Officiers, & le nombre des Sergens, Caporaux & Soldats qui feront commandés.

3.

LES contrôles commenceront du jour de l'arrivée des régimens au lieu de l'affemblée de l'armée, & feront continués jufqu'à la fin de la guerre; de manière qu'ils foient fuivis fans interruption, foit dans les camps & cantonnemens, ou quartiers d'hiver.

4.

IL y aura pour les Officiers, quatre tours de fervice, non compris le fervice des fiéges, dont il fera parlé dans la fuite; le premier fera pour les gardes & détachemens, le fecond

63

pour le piquet, le troifième pour les gardes d'honneur, &
le quatrième pour les détachemens non armés, qui font
réputés corvées, gardes de fatigues : les détachemens pour
affifter aux exécutions, quoiqu'armés, feront compris dans
ce tour de fervice.

TITRE XVI.

5.

CHACUN de ces trois premiers tours fera commandé
par la tête, & le quatrième par la queue, en fuivant exactement le rang d'ancienneté des Capitaines-commandans,
& faifant marcher les Capitaines en fecond & Officiers
fubalternes, fuivant celui de la compagnie à laquelle ils feront
attachés, ce qui n'empêchera pas que ceux du même régiment,
qui fe trouveront détachés enfemble, ne commandent entr'eux,
fuivant leur rang d'ancienneté.

On obfervera de ne jamais commander pour le même
détachement, deux Officiers d'une même compagnie; pour
cela, au commencement de la campagne, on commandera
pour le premier détachement, le premier Capitaine & le
Lieutenant ou Sous-lieutenant de la feconde compagnie du
bataillon; & le Lieutenant ou Sous-lieutenant de la feconde
compagnie, ne marchera qu'avec le fecond détachement,
le tableau fera fait ainfi : Et fi dans le courant de la
campagne il fe rencontroit que deux Officiers d'une même
compagnie fe trouvaffent les premiers à marcher pour le
même détachement, le tour du grade inférieur fera paffé,
pour être repris au détachement fuivant. Il en fera ufé de
même pour les trois efpèces de tours de fervices mentionnés
ci-deffus.

Les Capitaines-commandans ne rouleront point avec les
Capitaines en fecond, excepté toutefois pour le fervice du
piquet & pour les gardes d'honneur; leur fervice fera diftinct
& féparé, ainfi qu'il fera expliqué ci-après. Les Lieutenans
en premier & les Lieutenans en fecond rouleront enfemble:
Il y aura ainfi fur les contrôles deftinés à commander le
fervice des régimens, quatre colonnes; la première pour les
Capitaines-commandans, la feconde pour les Capitaines en

second, la troisième pour les Lieutenans, & la quatrième pour les Sous-lieutenans.

6.

LORSQUE le Général & les Officiers généraux, commandant une réserve ou une division, demanderont des Officiers d'ordonnance pour être attachés à leur personne, ils seront tirés d'entre les Officiers subalternes, au choix du Commandant du régiment.

Il en sera usé de même pour les bas Officiers.

7.

LES Sergens, Caporaux & Soldats, seront commandés par rang de compagnie; il n'y aura pour eux que deux sortes de service, le service armé, qui comprendra les gardes, détachemens & ordonnances; le second sera le service non armé ou les corvées, dans lesquelles seront toutefois comprises les escortes armées qui les accompagnent.

Le service par escouades, employant beaucoup de Caporaux, ils seront suppléés dans les compagnies où ils ne seront pas complets ou présens, par les plus anciens Fusiliers; & au cas que ces derniers ne soient pas propres à en faire les fonctions, par les Fusiliers désignés par les Commandans de compagnies, pour les premières places de Caporaux qui viendront à vaquer.

8.

L'OFFICIER qui se trouvera en même-temps le premier à marcher pour différens services, sera commandé par préférence pour le premier de ces services, dans l'ordre qui est désigné ci-dessus..

9.

CELUI dont le tour viendra de marcher à un détachement armé pendant qu'il sera à une garde d'honneur, demeurera à cette garde.

10.

S'IL est de piquet, il le quittera, & sera censé l'avoir fait, pourvu que le détachement passe les gardes ordinaires à
l'instant

65

l'inftant qu'il fera commandé; on le remplacera par celui de fes camarades qui le fuivra dans le tour du piquet.

I I.

S'IL eft de corvée, il la quittera pareillement, pourvu que fa corvée foit au camp, & il fera cenfé l'avoir faite; mais fi la corvée eft hors du camp, il la finira.

I 2.

CELUI dont le tour viendra de marcher à une garde d'honneur, pendant qu'il fera employé à un détachement armé, continuera fon fervice actuel, s'il eft de piquet ou de corvée; & il en fera ufé comme il eft expliqué aux articles précédens.

I 3.

CELUI dont le tour pour être de piquet, arrivera pendant qu'il fera en détachement, garde d'honneur ou corvée, continuera fon fervice.

S'il eft de piquet, il le quittera pour faire fa corvée.

I 4.

TOUT Officier qui étant le premier à marcher pour un détachement armé, une garde d'honneur, ou le piquet, ne fe trouvera pas au camp quand on le commandera, ou ne pourra faire ce fervice, pour quelque caufe que ce foit, fera remplacé par celui qui le fuivra, & fon tour fera paffé; il ne pourra même venir prendre le commandement du détachement ni de la garde, auffitôt qu'il fera en marche & au-delà des gardes ordinaires de l'armée.

I 5.

LES détachemens feront cenfés faits, dès qu'ils auront paffé les grandes gardes de l'armée.

Les corvées feront auffi réputées faites, pourvu qu'elles aient été employées, ou qu'elles aient paffé les grandes gardes.

I 6.

UN Capitaine, commandant un régiment par accident, fera commandé à fon rang par le premier & par le fecond de fervice; mais il fera exempt de celui des corvées, pendant le temps qu'il commandera.

R

17.

LES Capitaines de Grenadiers marcheront avec leurs compagnies, quand elles feront détachées, lors même qu'ils fe trouveront commander le régiment.

18.

EN l'abfence du Capitaine de Grenadiers & des autres Officiers de fa compagnie, il fera remplacé par plufieurs anciens Capitaines du bataillon après lui. Il en fera ufé de même pour le Capitaine en fecond & pour les Officiers fubalternes.

19.

QUAND les Officiers de Grenadiers s'abfenteront pour plus de quatre jours, le Major du régiment en fera avertir les Officiers du bataillon qui doivent le remplacer; lefquels, du jour qu'ils feront avertis, jufqu'au retour de ceux qu'ils auront remplacés, ne feront point d'autre fervice.

20.

SI le Capitaine, commandant par accident une compagnie de Grenadiers, fe trouve commander un bataillon par un autre accident, il demeurera en ce cas attaché au bataillon, & le Capitaine qui le fuivra dans le bataillon, le remplacera à la compagnie de Grenadiers.

21.

IL fera commandé un Lieutenant, à titre d'Officier d'ordonnance, pour accompagner un Brigadier lorfqu'il ira au détachement ou qu'il fera de piquet. Ce Lieutenant fera pris dans la même brigade où le Brigadier fera employé, foit qu'il la commande ou non; & par préférence dans le régiment, fi le Brigadier en eft Colonel ou Lieutenant-colonel.

Il marchera de même un Lieutenant avec les Colonels, & un Sous-lieutenant avec les Lieutenans-colonels & Majors, lorfqu'ils iront en détachement.

22.

CES Officiers d'ordonnance feront commandés au tour

67

du premier fervice, qui eft celui des détachemens, lorfque
les Officiers fupérieurs qu'ils devront accompagner, iront
en détachement ; & au fecond tour de fervice, qui eft
celui du piquet, lorfqu'ils devront feulement être de piquet.

23.

TOUS les détachemens & gardes quelconques, feront
formés, fuivant leur force, d'efcouades tirées des piquets.

24.

TOUTES les gardes & détachemens feront d'un nombre
d'efcouades proportionné à leur objet, depuis dix efcouades
jufqu'à une efcouade & une demi-efcouade.

25.

L'ESPRIT de l'Ordonnance du 25 mars 1776, étant que
chaque grade faffe un fervice relatif au rang qu'il tient dans la
conftitution ; & fur-tout de donner à celui de Capitaine-
commandant, la confidération dûe à l'ancienneté des fervices,
la compofition des détachemens a été réglée ainfi qu'il fuit.

26.

LE détachement du Capitaine-commandant, fera de huit,
neuf & jufqu'à dix efcouades ; & il aura toujours fous lui un
Lieutenant, un Sous-lieutenant, avec trois Sergens & un
Tambour.

Lorfqu'il y aura plufieurs poftes ou détachemens dans
des proportions inférieures, commandés par des Capitaines
en fecond, des Lieutenans, Sous-lieutenans ou bas Officiers,
qui fe trouveront à portée l'un de l'autre, ou réunis, on
pourra, lorfqu'on le jugera à propos, en donner le commandement à un Capitaine-commandant, qui fera commandé
alors à fon tour de fervice.

Les Capitaines-commandans feront d'ailleurs exempts de
toutes corvées.

Le fervice qu'ils devront faire, à titre de garde d'honneur,
fera réglé au chapitre qui y aura rapport.

27.

LES détachemens des Capitaines en fecond, feront de fix

ou sept escouades ; ils auront toujours à leurs ordres un Lieutenant ou Sous-lieutenant, lesquels rouleront à cet effet ensemble, deux Sergens & un Tambour.

Ils seront commandés pour les corvées avec des détachemens formés dans les mêmes proportions.

Leur service, pour les gardes d'honneur, sera réglé au Titre qui y aura rapport.

28.

LES détachemens des Lieutenans en premier & Lieutenans en second, qui rouleront à cet effet ensemble, seront de quatre ou cinq escouades, & jamais au-dessous, avec un Sergent, & lorsqu'on le jugera à propos, un Tambour. Bien entendu que si deux détachemens d'inégale force dans la susdite proportion, sont commandés au même moment, le Lieutenant en premier marchera avec celui de cinq escouades, & le Lieutenant en second avec celui de quatre.

Leur service pour les corvées sera réglé dans la même proportion, & celui qu'ils feront pour les gardes d'honneur, sera réglé au Titre qui les concerne.

29.

LES détachemens des Sous-lieutenans, lesquels rouleront à cet effet ensemble, seront de trois escouades ou trois escouades & demie, & jamais au-dessous: ils auront avec eux un Sergent sans Tambour.

30.

CEUX des Sergens seront de deux escouades ou deux escouades & demie, & jamais au-dessous: ils n'auront de Tambour avec eux qu'aux gardes du camp.

Ceux du Caporal seront d'une escouade, ou d'une demi-escouade.

31.

LES escouades nécessaires pour la formation des gardes ou détachemens, seront fournies successivement par les bataillons qui composent le régiment, de manière que le service soit égalisé dans les bataillons, & que l'un ne fournisse jamais

69

jamais une seconde escouade que tous les autres n'en aient
fourni une.

32.

LES huit hommes d'une même escouade, ne seront jamais
séparés, à moins qu'il ne fût nécessaire de faire marcher des
demi-escouades.

33.

LORSQU'UNE compagnie aura fourni une escouade à un
détachement de plusieurs jours, elle ne fournira qu'aux
grandes gardes & détachemens de vingt quatre heures, jusqu'à
ce que cette première escouade soit rentrée.

Tout bas Officier ou Soldat, commandé pour la garde ou
détachement, emportera avec lui son havre-sac.

Les gardes du camp, ou autres postés très-à-portée, pourront cependant se dispenser de cette règle.

34.

AU moyen de la forme du service établi ci-dessus, les
gardes & détachemens composés d'escouades entières,
emporteront, lorsque cela sera ordonné, une tente, une
marmite & des outils. Il y aura à cet effet, dans chaque
compagnie, une tente & une marmite de réserve, laquelle
ne sera point employée par les chambrées de la compagnie,
& sera destinée à cet usage.

Les gardes & détachemens n'emporteront toutefois des
tentes & des marmites, que lorsqu'elles devront rester plusieurs
jours dehors, & qu'on le jugera nécessaire. Dans ce cas,
l'État-major général d'Infanterie en fera mention dans les
ordres qu'il enverra.

Lorsqu'il sera ordonné à un détachement de porter ses
tentes, il sera commandé à cet effet un des chevaux de tente
d'une des compagnies du régiment, à tour de rôle, & les
tentes de la compagnie qui aura fourni le cheval, seront
réparties sur les chevaux des autres compagnies.

35.

POUR les corvées, dans lesquelles on comprendra à l'avenir

S

les détachemens pour affister aux exécutions, on tirera un nombre égal de Soldats de chacune des compagnies du bataillon, on les formera en efcouades de huit hommes qui feront commandés par des Officiers & bas Officiers dans la même proportion que les détachemens en armes.

36.

LES Cadets-gentilhommes feront exempts de corvées, & ne feront commandés que pour les efpèces de fervice compris dans le premier & dans le fecond tour; mais ils ne marcheront qu'avec les Capitaines-commandans, de manière qu'il y en ait toujours un avec eux. Ils fuivront d'ailleurs les deftinations des compagnies auxquelles ils feront attachés.

37.

LES Porte-drapeaux, Quartiers-maîtres, Adjudans & Fourriers, ne feront point de fervice, & feront employés aux diftributions, exercices, détails de police & de difcipline, ainfi que les Commandans des régimens le jugeront le plus avantageux pour le bien du fervice.

TITRE XVII.
De l'Ordre.

ARTICLE PREMIER.

L'ORDRE & le mot feront donnés tous les jours à midi.

2.

IL fera nommé tous les jours un Lieutenant général & un Maréchal-de-camp par rang d'ancienneté, & le Major général fera mention, dans l'ordre qu'il enverra aux divifions, des Officiers généraux qui devront être de jour le lendemain, afin que le Major des divifions auxquelles ils font attachés, puiffe les en faire prévenir.

Les Chefs des différens États-majors de l'Infanterie & de la Cavalerie, fe concerteront à cet égard entr'eux; & les Officiers généraux, qui, devant entrer de jour le lendemain,

7 r

se trouveroient malades, sont tenus de les en faire prévenir
par leurs Aides-de-camp.

3.

Si le Général ne se trouvoit pas à midi au quartier général,
le Lieutenant général entrant de jour, donnera le mot, afin
qu'il n'y ait jamais de retard dans la distribution de l'ordre
journalier.

4.

LES Officiers généraux entrant de jour, & les Officiers
supérieurs entrant de piquet, ainsi que les différens Chefs
des États-majors, ou en leur absence, un de leurs Aides,
seront tous les jours rendus à onze heures & demie chez
le Général, pour se trouver à l'ordre.

5.

LE Lieutenant général prendra le mot du Général, & le
donnera ensuite au Maréchal-de-camp, qui le distribuera
au Maréchal-général-des-logis de l'armée, au Major général,
au Maréchal-général-des-logis de la Cavalerie, & au Major
général des Dragons, dans l'ordre où ils sont nommés
ci-dessus.

Dans les avant-gardes ou corps détachés, l'ordre sera
donné par le Commandant dans la même gradation.

6.

LE Major général enverra ensuite le mot & le détail du
service, aux Majors des divisions & des réserves qui ne
seront point détachées de l'armée, de manière que l'ordre
puisse toujours être distribué aux Troupes avant la retraite.

Il enverra pareillement le mot & les détails qui le
concernent, au Major de l'Artillerie & à celui du Génie.

7.

L'ORDRE envoyé par le Major général aux Majors des
divisions, sera rédigé dans la forme suivante:

Il commencera par: *Au camp de............ ce quantième du mois 177.....*

Suivra le mot de l'ordre.

Celui du ralliement.

Le nom des Officiers généraux de jour, & des Officiers supérieurs de piquet.

On énoncera ensuite les bans & défenses, s'il y en a de nouvelles à publier.

On indiquera les heures des appels.

Celles des inspections, des piquets & gardes.

Après quoi on fera le détail du service général de l'Infanterie de l'armée par division.

Suivront les ordres pour les fourrages & distributions.

Enfin les ordres particuliers, s'il y en a à donner.

Le Major général ne fera mention dans l'ordre qu'il enverra à chaque Major de division, que des détails qui le concernent.

8.

LES Majors de brigades iront tous les jours prendre l'ordre chez le Major de la division, qui le leur dictera, ainsi que le détail du service de la division; ils le présenteront ensuite à leur Brigadier, de qui ils recevront les ordres pour ce qu'ils auront à y ajouter, après quoi ils le distribueront aux Majors des régimens de leurs brigades, dans la forme marquée ci-dessus, *article 7.*

9.

LES Majors, ou à leur défaut les Capitaines qui les remplaceront, s'ils sont absens, iront à l'ordre chez le Major de la brigade, qui le leur dictera avec le détail concernant le service de leur régiment, & ce que le Brigadier aura jugé à propos d'ordonner.

10.

TOUS les autres ordres qui seront adressés, soit de jour, soit de nuit, par le Major général aux Majors des divisions, seront

feront envoyés par eux aux Majors des brigades qui les compoferont, qui les feront paffer aux Majors des régimens,
par le Sergent & le Caporal d'ordonnance.

11.

DÈS que les Majors des régimens auront pris l'ordre &
le mot chez le Major de brigade, ils iront le porter à leur
Colonel, lui feront la lecture de l'ordre, & recevront ceux
qu'il aura à donner; après quoi ils iront donner l'ordre à
leur régiment.

12.

EN l'abfence du Colonel, le Major donnera le mot au
Lieutenant-colonel, à qui il fera porté par l'Adjudant quand
le Colonel fera préfent.

13.

LES Majors ne s'enverront jamais l'ordre d'un régiment
à l'autre, autrement que par un Officier, ou par écrit.

14.

LORSQUE le Major du régiment voudra donner l'ordre,
un Tambour de piquet fera trois roulemens, pour y appeler,
fans jamais crier, *à l'Ordre.*

15.

ALORS les Officiers de piquet, le Quartier-maître,
l'Adjudant, le Vaguemeftre, les Fourriers & les bas Officiers
d'ordre, s'affembleront au centre du régiment à vingt pas
en avant des faifceaux.

16.

LES Fourriers & Sergens, portant le fufil fur le bras droit,
formeront un cercle, en fe rangeant fuivant l'ordre de leurs
bataillons & compagnies.

17.

LES Caporaux en feront un deuxième, derrière les Sergens,
tenant les armes préfentées au dehors, en empêchant que
perfonne n'approche.

T

18.

LES Officiers de piquet, l'Adjudant, le Quartier-maître, le Vaguemeftre & le Tambour-major, se mettront entre les Sergens & Caporaux.

19.

LE Major du régiment entrera seul dans le cercle.

20.

LE Major expliquera l'ordre à l'Adjudant, au Quartier-maître, au Vaguemeftre, Fourriers & Sergens, ainfi que ce qu'ils auront à exécuter, & il nommera les Officiers commandés pour les différentes efpèces de fervice de la nuit ou du lendemain.

21.

IL s'informera quels feront les Sergens qui devront être de garde, de détachement, de piquet, d'ordonnance & de corvée, & il leur recommandera les attentions néceffaires pour ces différens fervices.

22.

IL donnera enfuite le mot aux Officiers de piquet, puis à l'Adjudant, lequel le donnera au premier Fourrier du cercle qui s'avancera pour le recevoir; & étant retourné à fa place, le donnera au fecond, celui-ci au troifième, & ainfi de fuite.

23.

LES Fourriers & Sergens préfenteront les armes jufqu'à ce que le dernier Sergent du cercle ait rendu le mot au Major.

24.

AUSSI-TÔT que l'ordre aura été donné à la tête du camp, les deux Officiers de piquet iront en rendre compte chacun au Commandant de leur bataillon, & lui donneront l'ordre en même-temps.

25.

LES Fourriers porteront l'ordre aux Officiers de leur compagnie, fans pouvoir jamais en être difpenfés.

75
26.

LES Fourriers iront enfuite, ainfi que les Sergens, aux
tentes de leur compagnie expliquer aux Caporaux & Chefs
d'efcouades, ce qui aura été défendu & ordonné.

27.

LES Caporaux avertiront les Soldats qui devront marcher.

28.

LE Quartier-maître donnera enfuite aux Vivandiers les
ordres qui les concernent, & le Vaguemeftre aux Valets des
Officiers, ceux qui regarderont les équipages.

29.

UN Sergent & un Caporal de chaque piquet, de même
que les Sergens des gardes du camp, fe trouveront au cercle
pour prendre l'ordre & le mot, & le recevront des Officiers
defdits piquets.

30.

LES Majors des régimens enverront l'ordre cacheté aux
grandes gardes que leur régiment aura fournies par l'ordonnance de ces gardes.

31.

LES jours de marche, lorfque l'ordre fe donnera après la
retraite, les bas Officiers du bivouac tiendront au cercle le
rang & la place des bas Officiers du piquet.

32.

ON ne battra jamais à l'ordre pendant la nuit pour affembler des gardes ou détachemens, afin de ne point éveiller les
Troupes, & d'empêcher les ennemis d'en avoir connoiffance.

Les Officiers de piquet éveilleront fans bruit les Soldats
qui le compofent.

33.

LE même filence & les mêmes précautions feront obfer-
vées, lorfqu'il fera demandé pendant la nuit, des bataillons
de Grenadiers & de Chaffeurs, des régimens, ou des brigades
entières, & l'on éveillera fans bruit les Troupes qui devront
marcher.

34.

LORSQUE l'ordre arrivera pendant la nuit pour que l'armée entière, ou un corps détaché marche le lendemain, les Majors n'avertiront personne dans la nuit ; la générale devant seule en instruire, ainsi qu'il sera dit au *Titre XXV, des Marches*.

TITRE XVIII.

De la Retraite, Appels & autres Règles du Camp.

ARTICLE PREMIER.

ON battra tous les jours la retraite à soleil couchant, au signal d'un coup de canon, ou, à son défaut, au signal que donneront les Tambours de la brigade de la droite, afin que tous les Tambours de la ligne puissent commencer à battre ensemble.

2.

LES Tambours, tant pour la retraite, que pour tout ce qu'ils auront à battre, se placeront devant le drapeau de leurs bataillons au signal, & ils battront de pied-ferme, vingt-cinq reprises de chaque batterie, ayant attention de commencer & de finir tous à la fois.

3.

UNE demi-heure avant la retraite, les Tambours des piquets, au signal qui en sera donné par les Tambours de la brigade de la droite, battront la Prière, les Soldats se rendront tout de suite à la Chapelle du régiment, ou, s'il n'en avoit point encore été fait, en avant du centre, où l'Aumônier fera la prière.

LES Officiers de piquet s'y trouveront pour maintenir le bon ordre.

4

LA retraite battue, le Sergent ou le Caporal de bivouac
repliera

77

repliera les drapeaux, & les posera ensemble sur les petits
chevalets qui seront mis pour cet usage au centre de chaque
bataillon, entre le front de bandière & les faisceaux.

5.

LES drapeaux ainsi placés, seront consignés au nouveau
Sentinelle de bivouac.

6.

IMMÉDIATEMENT après la retraite, le Fourrier de
chaque compagnie fera mettre le manteau d'armes sur les
faisceaux, s'il en a été ôté pendant le jour.

7.

IL en visitera en même temps les armes, en présence
des Officiers de piquet; & s'il en manque, après avoir vérifié
à qui elles appartiendront, il fera arrêter les Soldats qui les
auront prises, & les sentinelles à qui elles étoient consignées.

8.

LES bas Officiers des compagnies, veilleront à ce qu'après
la retraite battue, aucuns Soldats ne soient hors de leurs
tentes en chemises.

9.

ON éteindra les feux des cuisines, les Vivandiers cesseront
de donner à boire, & les Soldats rentreront dans les tentes,
une heure après la retraite au plus tard.

10.

AVANT la nuit il sera consigné aux sentinelles de la
queue du camp de chaque bataillon, d'arrêter les Soldats
qui rentreront au camp par les derrières, ou qui voudront
en sortir.

11.

APRÈS la retraite, toutes les compagnies se mettront
en haie dans les grandes rues du camp, pour l'appel.

12.

CET appel sera fait dans chaque compagnie par le Lieutenant ou Sous-lieutenant de semaine, qui dressera ensuite

U

un billet d'appel, sur lequel il marquera s'il manque quelqu'un ou non, & le mouvement d'un appel à l'autre.

13.

L'OFFICIER de semaine datera & signera ce billet, & il le portera à l'Officier de piquet qui sera chargé de rassembler ceux du bataillon, & de les remettre au Major du régiment. Il ira ensuite en rendre compte au Capitaine en second, lequel en rendra compte tout de suite au Capitaine-commandant.

14.

INDÉPENDAMMENT de cet appel, il en sera fait deux autres dans les vingt-quatre heures, par les Lieutenans & Sous-lieutenans de semaine, qui en rendront compte à leurs Capitaines.

Les Brigadiers & Colonels auront soin d'en indiquer les heures, & de les changer souvent.

15.

CES appels se feront tente par tente, en appelant les Soldats par leur nom, & les obligeant de répondre chacun pour soi.

16.

LES Officiers ou bas Officiers qui manqueront à ces appels par négligence, ou qui ne rendront pas compte des Soldats qui ne s'y seroient pas trouvés, seront punis sévèrement.

17.

LES Officiers & bas Officiers commandés pour faire les appels, visiteront en même-temps les tentes, havre-sacs & marmites, pour voir si les Soldats n'y auroient pas des effets étrangers ou de maraude; & s'il s'en trouve, ils feront arrêter ou conduire au Prévôt ceux à qui ils appartiendront.

18.

SI, contre toute apparence, il arrivoit que des bas Officiers autorisassent la maraude, en ne déclarant pas les maraudeurs, ils seront cassés & mis à la queue de la compagnie.

79

19.

LES Majors des régimens formeront, fur les comptes qui leur auront été rendus des appels, des billets datés & fignés d'eux, qu'ils enverront tous les matins au Major de la brigade.

20.

ILS marqueront fur ces billets, les noms des Soldats qui auront manqué à l'appel, ceux de leur compagnie, & l'heure à laquelle on fe fera aperçu de leur abfence.

21.

S'IL y a eu des maraudeurs arrêtés, ils en rendront pareillement compte.

22.

QUAND il n'auroit manqué perfonne, ils n'en feront pas moins mention fur leurs billets; ils y marqueront auffi le nombre des Soldats entrés à l'hôpital, ou revenus des convalefcens.

23.

CHAQUE Major de brigade formera de même fur les billets des Majors des régimens qui la compofent, un billet détaillé qu'il enverra au Major de divifion, & celui-ci fur la totalité des brigades de la divifion, en formera un général qu'il enverra chaque jour au Major général.

24.

LE Major général formera pareillement fur tous les appels des divifions, un appel total de l'armée, qu'il remettra au Général à l'heure de l'ordre.

25.

LA garde fe battra tous les matins à l'heure indiquée au *Titre fuivant.*

26.

LA Meffe fera battue les jours ouvriers par les Tambours des piquets. Les dimanches & fêtes, tous les Tambours la battront au centre de leurs bataillons ; ainfi qu'il a été préfcrit ci-deffus pour les autres batteries, *article 2.*

On aura attention dans les brigades que les Meffes des régimens, les dimanches & fêtes, fe difent à des heures différentes.

27.

LES jours de fêtes, après que les Tambours auront battu le premier coup de la Meffe, les Soldats s'affembleront en haie dans les rues des compagnies, habillés, mais fans armes; les Officiers des compagnies en feront l'appel & enfuite l'infpection, pour voir s'il ne manque rien à leurs habille-mens & à leur tenue, & lorfque le troifième coup de la Meffe battra, ils les feront rompre par files, fe mettront à leur tête, & les conduiront en ordre à la chapelle ou à la tente, où la Meffe devra fe dire.

28.

APRÈS que les gardes feront partis du camp, le Tambour du piquet du premier bataillon de la droite, battra *la ber-loque*, qui fera fuivie par tous les Tambours des piquets de la ligne, & qui fervira d'avertiffement pour faire balayer les rues & la tête du camp, jufqu'à trente pas au-delà des faifceaux.

29.

DANS les camps de féjour, le front de bandière fera barré jufqu'à la même diftance, par des travées, afin d'em-pêcher les chevaux d'y paffer.

30.

DÈS que le camp aura été balayé, le Sergent-major de chaque compagnie fera ôter le manteau d'armes de deffus le faifceau fi le temps le permet. Il vifitera les armes en préfence des Officiers de piquet, & aura foin qu'elles foient bien rangées autour du faifceau, les platines en-dehors avec des couvres-platines.

31.

LE Sergent de piquet plantera les drapeaux à leur place, en fe réglant fur le bataillon de la droite; on les y déploiera fi le temps le permet, & on les confignera de nouveau au fentinelle du front du bataillon.

32.

81

32.

TOUTES les fois que les Soldats auront befoin d'être conduits au bois, ils y feront menés par des efcortes armées, ainfi qu'il a été dit au *Titre de l'Établiffement dans le Camp.*

33.

COMME il eft néceffaire d'aller à l'eau plufieurs fois dans la journée, les Soldats de chaque compagnie pourront y aller, conduits par un bas Officier armé.

34.

LES Valets pourront aller au bois & à l'eau fans efcorte; mais ils feront févèrement punis des dégâts qu'ils commettront.

35.

LA punition de la garde du camp ayant été abolie à caufe des maladies qui en réfultoient, il y fera fuppléé par celle du piquet.

36.

A cet effet il fera planté au centre de chaque bataillon, un poteau avec un piquet au bas, où l'on mettra tous les Soldats qui manqueront à quelque point de difcipline.

37.

LE nombre d'heures qu'ils y refteront, & de jours qu'ils continueront d'y être mis, fera proportionné aux fautes qu'ils auront commifes.

38.

CES Soldats feront en outre employés à toutes les corvées du camp, & les Sergens de piquet auront l'état de tous ceux de leur bataillon condamnés au piquet, pour leur faire faire les travaux ordonnés.

39.

LES Lieutenans ou Sous-lieutenans de femaine, feront tous les matins la vifite des tentes, afin de voir fi les Soldats font propres, & s'ils font ordinaire; & ils en rendront compte à leur Capitaine.

X

40.

ILS feront également tous les jours la visite des armes, ils s'adresseront à leurs Capitaines, & ceux-ci à l'Officier supérieur de leurs bataillons, pour qu'il y soit ordonné les réparations nécessaires, & ils tiendront la main à ce qu'elles soient bien & promptement faites.

41.

ILS veilleront de même, ainsi que les Sergens-majors & autres bas Officiers, lorsque la distribution de la poudre, des balles & des pierres-à-fusil aura été faite, à ce que les Soldats aient toujours leurs porte-cartouches garnis, & chacun deux pierres de rechange, avec les autres petits ustensiles nécessaires pour la propreté & l'entretien des armes.

42.

A mesure que ces munitions seront consommées, les Majors des régimens en informeront le Major général, afin qu'il puisse les faire remplacer.

43.

AU cas que les cartouches fussent mouillées, ils seront tenus de faire rapporter les balles au parc de l'artillerie, sans quoi la retenue en sera faite aux régimens.

44.

DANS les camps où l'armée séjournera plus de deux jours, on fera faire l'exercice aux Troupes le plus souvent qu'il se pourra.

Ces exercices se feront à feu, & on aura attention de les redoubler, lorsque l'on prévoira quelqu'action.

45.

L'INFANTERIE manœuvrera par bataillon, par régiment, par brigade & même par division, lorsque les Commandans des divisions le jugeront à propos.

46.

LES Soldats n'emploîront jamais dans les exercices les

8;

munitions qui feront dans leurs cartouches; mais feulement
la poudre qui leur fera donnée à cet effet.

47.

LES Fourriers auront attention de retirer la poudre & les
balles des Soldats de leurs compagnies qui feront envoyés
aux hôpitaux, & de les donner à ceux qui en manqueront.

48.

LORSQU'APRÈS la pluie, il fera néceffaire de faire
décharger les fufils, les Fourriers auront foin de faire
décharger avec un tire-bourre ceux qui auront été mouillés;
& s'il y en a qu'on ne puiffe décharger de cette manière,
ils ne pourront être tirés qu'entre neuf & dix heures du matin
en préfence d'un Officier de piquet qui prendra les précautions néceffaires pour éviter les accidens.

49.

DANS les camps de féjour, il fera établi à la tête du
camp de chaque brigade, des jeux de barres & autres, propres
à amufer le Soldat, & à augmenter fon agilité & fa force.

50.

LES Brigadiers & Commandans des corps auront foin
d'exciter fur cet objet l'émulation du Soldat en affiftant eux-
mêmes fréquemment à ces jeux.

51.

LES Soldats qui auront befoin d'aller au quartier général,
y feront conduits par des Officiers fubalternes & bas Officiers,
en proportion de leur nombre.

52.

CES Officiers & bas Officiers les affembleront à fept
heures du matin à la tête du camp de leur régiment, en
feront l'appel, & les conduiront jufqu'à l'entrée du quartier
général; là, leur donneront un rendez-vous pour fe raffembler
à onze heures, en feront alors de nouveau l'appel, & les
ramèneront au camp. Les Soldats qui auront manqué à fe
trouver à ce rendez-vous, feront mis au piquet en arrivant.

53.

DE tout le reste de la journée, il ne sera plus permis à aucun Soldat de sortir du camp de son régiment, à moins d'être conduit par un bas Officier.

54.

LES jours de marches, les Soldats seront conduits au quartier général une heure après l'arrivée dans le camp, dans l'ordre indiqué ci-dessus, & ils en seront ramenés de même.

55.

LA sûreté de l'armée exigeant qu'il y ait toujours au camp un assez grand nombre d'Officiers pour se mettre à la tête des Troupes en cas d'évènement, il ne s'en absentera jamais plus de la moitié, & les Chefs des corps en répondront.

56.

LES Officiers supérieurs des régimens ne s'absenteront de même jamais tous à la fois, & il restera toujours, ou le Colonel, ou le Lieutenant-colonel, ou le Major.

Le Capitaine de piquet dans chaque division, l'Adjudant de piquet dans chaque brigade, les Officiers de semaine dans les régimens, ainsi que les Officiers premiers & seconds à marcher, ne pourront quitter le camp sous tel prétexte que ce puisse être.

57.

LA propreté des Soldats contribuant à leur santé, lorsqu'il y aura des rivières ou ruisseaux à portée, & que la saison le permettra, on les y mènera baigner fréquemment conduits par des Officiers & bas Officiers.

58.

LES Majors des régimens feront reconnoître auparavant des endroits sablonneux & guéables; aucun Soldat ne pourra s'écarter des limites qui seront marquées, & y aller sans escorte.

59.

ON ne se servira jamais dans les camps du mot *arrête*, pour

85

pour quelque chofe que ce foit, & s'il s'agit de faire arrêter quelqu'un qui fuit, on criera *au voleur*.

60.

LE terme d'*alerte* fera auffi interdit dans tous les poftes pour y faire prendre les armes, & les Officiers & Sergens de ces poftes tiendront la main à ce que l'on fe ferve du cri, *aux armes*.

61.

LES Tambours ne battront que pour les chofes ordonnées, & pour leurs écoles qu'ils ne commenceront jamais par *la générale*, & qu'ils feront d'abord après le départ des gardes.

TITRE XIX.

De l'Affemblée, Infpection & conduite des Gardes.

ARTICLE PREMIER.

LA garde fe battra tous les matins à fept heures, depuis le 1.er Mai jufqu'au 1.er Septembre, & à huit heures depuis le 1.er Septembre.

2.

IL n'y aura plus d'infpection générale, chaque divifion fera pareillement celle des gardes & détachemens qu'elle fournira.

3.

UNE demi-heure avant qu'on batte la garde, les Majors des régimens affembleront à la tête de leur camp les déta-chemens deftinés, tant pour les gardes du camp & les gardes ordinaires, que pour celles des Officiers généraux & Bri-gadiers, & ils les vifiteront pour s'affurer qu'elles foient pourvues de munitions de guerre, pain, marmites, uftenfiles, outils, qu'elles devront avoir fuivant le fervice auquel elles feront deftinées.

4.

LORSQUE les grandes gardes auront befoin d'outils d'une

Y

espèce plus forte pour se retrancher, les Majors de leurs brigades leur en feront donner sur leurs reçus, par les divisions d'Artillerie attachées aux brigades.

5.

LES Officiers commandés, joindront à la tête de leurs régimens les détachemens avec lesquels ils pourront marcher. Ils en feront eux-mêmes l'inspection en présence du Major, & ils en compteront les hommes pour être sûrs qu'il y en ait le nombre ordonné.

6.

LORSQU'ON battra la garde, les gardes du camp & celles des Officiers généraux se rendront en droiture de la tête du camp de leurs régimens au lieu de leur destination; à l'égard des grandes gardes, elles se porteront en avant du centre de leurs brigades, où le Brigadier & le Major de brigade, en feront l'inspection.

7.

APRÈS que cette inspection sera finie, l'Adjudant de piquet de chaque brigade, les conduira en avant du centre de la première ligne de la division.

8.

IL y aura tous les jours dans chaque division un Capitaine nommé pour être de piquet; cet Officier sera spécialement aux ordres du Major de la division, & remplira sous lui les fonctions que remplissoit ci-devant l'Aide-major de piquet.

9.

IL assemblera les gardes de la division au rendez-vous indiqué ci-dessus, & les mettra en bataille par rang de brigade; il assemblera de même tous les détachemens qui pourroient être demandés, soit de jour, soit de nuit; il prendra l'état de leur composition chez le Major de la division; & lorsque le tout sera assemblé, le Major de la division en fera l'inspection & les fera partir à l'heure ordonnée.

87

1 0.

L'INSPECTION des gardes de la division, ainsi assemblées, sera faite par les Officiers généraux de jour & de la division, par les Officiers supérieurs de piquet, & par le Major général, lorsqu'ils le jugeront à propos.

Lorsque ces Officiers ne se trouveront pas à l'assemblée des gardes, le Major de division, après en avoir fait l'inspection, les fera partir pour leurs postes.

1 1.

LES Majors des régimens auront soin de faire trouver au rendez-vous des gardes, les Soldats d'ordonnance des postes qu'ils auront fournis la veille. Ces Soldats se mettront à l'inspection en face de la garde qu'ils auront à conduire, & en prendront la tête lorsqu'elle défilera.

1 2.

L'INSPECTION étant faite, lorsque l'Officier général aura ordonné au Major de la division, de faire défiler les gardes, il les fera rompre & défiler, conformément à ce qui est prescrit dans l'*Ordonnance de l'Infanterie*.

1 3.

LES Officiers des détachemens ou grandes gardes, observeront, dès qu'ils seront en marche, de faire ôter les couvre-platines des fusils.

Le Soldat d'ordonnance qui conduira la garde, marchera devant elle.

1 4.

LORSQUE la nouvelle garde approchera du poste qu'elle devra relever, la vieille garde s'assemblera au milieu du poste, & après avoir reconnu la nouvelle, elle la laissera entrer dans le poste dont elle bordera le parapet; les deux Tambours battront *aux champs*.

1 5.

DANS les lieux qui ne seront point fermés, la nouvelle

garde se mettra en bataille à la droite, & sur le même alignement de l'ancienne.

16.

LES Officiers, Sergens & Caporaux, qui descendront la garde, donneront exactement la consigne à ceux qui la monteront.

17.

TOUTES les consignes seront données par écrit aux Officiers des gardes, par les Officiers généraux & supérieurs qui placeront les gardes, ou par les Majors des brigades qui les fourniront, & les Officiers de garde seront tenus de se donner des reçus desdites consignes.

18.

PENDANT qu'on relèvera les sentinelles, l'Officier qui montera la garde prendra tous les éclaircissemens nécessaires de celui qui la descendra.

19.

LORSQUE la vieille garde partira, il enverra avec elle un Soldat intelligent de sa garde, qui ira à l'ordonnance chez le Major de son régiment; ce Soldat lui apportera les ordres qui pourront survenir, & conduira le lendemain la garde qui devra le relever.

20.

LES premières gardes qui seront posées à l'arrivée de l'armée dans le camp, ou celles qui seront commandées d'augmentation, seront conduites par ceux qui auront été chargés de reconnoître leurs postes.

21.

LES jours de marche, chaque brigade enverra avec ses campemens, les détachemens qui lui seront ordonnés, pour servir de nouvelles gardes en arrivant au camp.

TITRE XX.

TITRE XX.

Du service des Gardes dans leurs postes.

ARTICLE PREMIER.

A l'arrivée d'une garde à son poste, soit qu'elle en relève une autre ou non, le Commandant la disposera comme il voudroit qu'elle fût en cas d'attaque.

2.

IL aura soin que les Soldats arrangent leurs armes près d'eux par files complètes, & le long de la banquette lorsque le poste sera retranché.

3.

IL fera travailler diligemment à retrancher son poste, & à le mettre en état de défense.

4.

LES Brigadiers & Majors de brigades veilleront personnellement à ce que les grandes gardes de leurs brigades soient retranchées.

5.

LORSQU'ON arrivera au nouveau camp, ils visiteront les postes qu'auront fournis leurs brigades, & s'ils ne les trouvent pas suffisamment retranchés, ils enverront des travailleurs des brigades en assez grand nombre, pour les mettre en état de défense le même jour.

6.

LE Commandant du poste fera placer les sentinelles, ou les changera s'il les trouve mal placées; observant autant qu'il sera possible, de les placer de manière qu'elles puissent découvrir de loin, sans être elles-mêmes fort en vue, les postant pour cela près de quelques banques de fossé, broussailles ou arbres, derrière lesquels elles puissent se cacher.

Il en augmentera ou diminuera le nombre selon qu'il le jugera à propos, & se fera rendre compte de leurs consignes.

Z

7.

IL reconnoîtra les chemins & débouchés par lefquels l'ennemi pourroit venir à lui, afin d'y mettre, s'il en eft befoin, quelques petits poftes en avant qui fe retireront la nuit au gros de la troupe.

8.

L'ENNEMI pouvant reconnoître facilement les fentinelles fixes, & échapper à leur vigilance, le Commandant du pofte y ajoutera pendant la nuit des fentinelles volantes.

9.

IL prefcrira à chacune d'elles le chemin qu'elles devront parcourir, & les points qu'elles devront éclairer.

10.

IL fe promènera fouvent en dehors de fes fentinelles pour s'affurer de leur vigilance, & pour juger fi toutes les avenues de fon pofte font bien gardées.

11.

IL fera reconnoître pendant le jour les chemins que les patrouilles auront à tenir pendant la nuit, & fera faire ces reconnoiffances par ceux même qu'il deftinera à faire ces patrouilles.

12.

VERS le foir il expliquera aux Officiers & bas Officiers qui feront avec lui, la manière dont ils devront faire leurs ronde & patrouille dans la nuit; mais les heures n'en feront jamais réglées, & il les fera partir quand il le jugera à propos.

13.

A l'entrée de la nuit, il leur donnera le mot de l'ordre & de ralliement qui lui aura été envoyé dans un billet cacheté par le Major de fon régiment.

14.

IL règlera le nombre & la difpofition de fes fentinelles, telles qu'elles devront être pendant la nuit.

91

15.

Il fera prendre enfuite les armes à fon détachement pour en faire la vifite, & inftruire encore plus précifément les Soldats de la manière dont ils défendront le pofte en cas d'attaque.

16.

Il fera couvrir les platines des fufils pour que la pluie & la rofée ne puiffe les mouiller.

17.

Il veillera à ce que les Soldats fe tiennent toute la nuit autour du feu vis-à-vis leur pofte, & fans dormir.

18.

Il fera faire pendant la nuit, en dehors de fon pofte, des patrouilles plus ou moins fréquentes fuivant les circonftances.

19.

Celui qui fera chargé de faire la patrouille, prendra avec lui deux hommes à fon choix, & partira après avoir reçu fes ordres.

20.

Il obfervera de marcher avec le moindre bruit qu'il fera poffible, & de faire halte de temps en temps pour écouter.

21.

Quelque rencontre qu'il faffe, il ne tirera jamais que lorfqu'étant coupé, il ne pourra retourner à fon pofte pour l'avertir.

22.

Sa tournée étant finie, il s'arrêtera lorfque la fentinelle du pofte lui aura crié *halte-là*, & il attendra qu'un Caporal efcorté de deux Fufiliers vienne le reconnoître, & recevoir de lui le mot de ralliement, ainfi qu'il eft prefcrit au *Titre X*, *du Piquet*.

23.

Dès qu'il aura été reconnu, on le laiffera entrer dans le

poſte avec ſes Fuſiliers, & il rendra compte au Commandant de ce qu'il aura vu & entendu.

24.

IL rendra pareillement compte de la vigilance des ſentinelles.

Les Commandans des patrouilles qui ſe ſeront écartés de leur poſte, ou du chemin qu'ils devroient tenir, feront ſévèrement punis.

25.

PENDANT que la patrouille ſera dehors, une partie des Soldats du poſte en bordera le retranchement.

26.

DANS les poſtes expoſés où il ſeroit à craindre que le cri des ſentinelles ne les fît découvrir, on leur donnera, de même qu'à ceux qui feront les patrouilles, un ſignal muet dont on ſera convenu.

27.

AU petit point du jour, les Officiers & leurs détachemens borderont le parapet du poſte, & y reſteront juſquà ce que la découverte ait été faite.

28.

LORSQU'IL ſera jour on détachera un Sergent & quatre Fuſiliers pour aller à la découverte.

29.

CE Sergent ira exactement dans tous les endroits qui lui auront été indiqués par ſon Commandant, & il viſitera tous les lieux circonvoiſins où l'ennemi auroit pu s'embuſquer.

30.

LA découverte étant faite, on relèvera les ſentinelles d'augmentation qui auront été poſées pendant la nuit.

31.

LES Soldats remettront leurs armes à leur place, & les Sergens les leur feront eſſuyer.

32.

93

32.

TOUTES les gardes placées pour la sûreté du camp, feront reconnoître exactement les troupes & personnes qui en approcheront, soit pour entrer dans le camp ou pour en sortir.

33.

DÈS que les sentinelles apercevront une troupe de quatre ou cinq personnes, qui viendra de leur côté, ils la feront arrêter, avertiront le poste & présenteront les armes.

34.

AUSSITÔT l'Officier fera prendre les armes aux Soldats de son détachement, & en même-temps il enverra reconnoître la troupe par un Sergent & quatre Fusiliers, qui iront se placer près la sentinelle, les armes présentées.

35.

LORSQUE le Sergent sera à portée d'être entendu, il criera *qui vive*, & après qu'il lui aura été répondu *France*, il demandera *quel régiment!* & si c'est des Officiers généraux, *de quel grade!*

Ayant reconnu la troupe par les réponses qui lui auront été faites, il détachera un Fusilier pour en aller rendre compte au Commandant du poste, & cependant il fera faire halte à cette troupe, jusqu'à ce que ledit Commandant lui ait envoyé ordre de la laisser approcher ou passer.

36.

LE Commandant du poste fera rester sa garde en état jusqu'à ce que la troupe soit passée & hors de sa vue; & si ce sont les Officiers généraux de jour ou Officiers supérieurs de piquet, il leur fera rendre les honneurs qui leur seront dûs, ainsi qu'il sera dit au *Titre XXXV, des Honneurs militaires.*

37.

LES honneurs rendus par les différentes batteries de Tambours, cesseront à la retraite, & ne recommenceront qu'à l'heure marquée pour battre la garde.

A a

38.

LORSQUE les Officiers généraux de jour & supérieurs de piquet, visiteront les gardes la nuit, ils seront reçus par elles comme il a été dit au *Titre X, du Piquet.*

39.

LE Major général de l'Infanterie aura le droit de visiter les grandes gardes, dont les Commandans exécuteront ce qu'il leur prescrira de la part du Général, & il sera reçu par les gardes, comme le Brigadier de piquet, ou dans son grade, s'il en a un supérieur.

40.

SI pendant la nuit il se présente une troupe devant un poste pour entrer au camp, l'Officier qui la commandera, sera obligé de venir avec le bas Officier qui aura été le reconnoître, trouver le Commandant du poste, & celui-ci la fera rester à l'écart, & ne la laissera pas entrer, quoiqu'il l'ait positivement reconnue pour être un détachement de l'Armée, à moins d'un ordre par écrit du Général, du Major général, ou des Officiers généraux de jour.

41.

LES Commandans des gardes permettront néanmoins à l'Officier qui commandera cette troupe, s'il a des nouvelles pressées à donner au Général, d'aller chez lui ou d'y envoyer.

42.

LES Étrangers qui se présenteront au camp, & qui mériteront *attention*, seront conduits au Major général.

43.

LES gardes ne laisseront jamais arriver jusqu'à leurs postes les Tambours ou Trompettes venant des ennemis; les sentinelles les feront arrêter aussitôt qu'ils les apercevront, & avertiront sur le champ le Commandant de la garde.

44.

CELUI-CI enverra son Lieutenant ou son Sergent, recevoir les paquets dont les Tambours ou Trompettes

.pourroient être chargés, leur en donnera un reçu, & les
fera repartir sur le champ pour retourner à leur Armée, sans TITRE XX.
permettre qu'ils s'arrêtent à portée du poste.

Il enverra ensuite les paquets au Général de l'Armée.

45.

LORSQU'UN Tambour ou Trompette ennemi entrera
dans le camp sans avoir été arrêté par les grandes gardes,
le Commandant du poste où il aura passé, sera envoyé en
prison.

46.

A l'égard des Déserteurs, on commencera par les désarmer;
si le logement du Major général étoit trop éloigné, ou qu'il
n'y eût pas de sûreté à les y conduire, on les fera garder
à vue; s'ils étoient en grand nombre, on ne les laissera pas
approcher, mais on les fera demeurer à quelque distance
de la garde, qui les mènera avec elle au camp, lorsqu'elle
sera relevée.

On désarmera les Déserteurs, & on ne leur laissera vendre
ni leurs chevaux, ni aucune partie de leur équipement &
armement, jusqu'à ce qu'ils aient été conduits au Major
général, qui en ordonnera, d'après les ordres du Général.

47.

LES grandes gardes qui seront en avant & sur les flancs
du camp, n'en laisseront sortir aucun Soldat, Cavalier ou
Dragon; elles arrêteront ceux qui tenteroient de passer au-
delà, les enverront au Prévôt, & en donneront avis en
même-temps au Major général.

48.

LES gardes postées sur les derrières du camp, observeront la même chose, à l'exception qu'elles laisseront passer
les Soldats, Cavaliers ou Dragons qui auront des congés
en la forme prescrite par les Ordonnances.

49.

ELLES ne causeront, ni les unes ni les autres, aucun trouble
ni empêchement aux allans & venans pour le commerce &

la fubfiftance du camp; mais au contraire, elles leur pro-cureront toute la liberté & fûreté néceffaires, ainfi qu'à ceux qui apporteront des vivres & denrées.

50.

LES Officiers & bas Officiers refteront affidûment à leurs poftes pendant tout le temps de leur garde; & ils contiendront exactement les Soldats, de manière que nul ne s'en écarte fous tel prétexte que ce foit.

51.

TOUTE garde poftée pour la fûreté de l'armée, ne changera jamais la pofition de fon pofte, & elle ne le quittera qu'après avoir été relevée par une autre ou par un ordre par écrit, foit du Général ou du Major de brigade, à moins qu'un Officier général de jour ou Officier fupérieur de piquet, ne vienne la déplacer ou la retenir.

52.

LE Commandant d'une garde ne pourra refufer de fe laiffer relever par une autre garde, fous prétexte qu'elle feroit moins nombreufe que la fienne, ou commandée par un Officier d'un grade inférieur au fien.

Mais s'il arrivoit qu'une troupe fe préfentât à une garde pour la relever fans avoir été annoncée à l'ordre, & fans que celui qui la commande fût porteur d'un ordre figné du Général ou de l'État-major de l'Infanterie, ou de la divifion, l'ancienne garde reftera à fon pofte, n'y laiffera point entrer l'autre, & la fera tenir à quelque diftance, jufqu'à ce que l'ordre lui foit arrivé de fe laiffer relever par elle.

53.

QUAND il y aura des confignes particulières ou de nouveaux ordres à donner aux poftes, ils ne pourront l'être que par les Officiers généraux de jour ou de la divifion, les Officiers fupérieurs de piquet & ceux de l'État-major général de l'Infanterie, qui les donneront par écrit, ou par

des

97

des billets fignés du Major de la divifion ou du Major
de brigade.

54.

LES Commandans des gardes fe ferviront des Cavaliers
d'ordonnance qu'ils auront près d'eux, pour faire paffer prompte-
tement au Major de leur divifion, les nouvelles intéreffantes
qu'ils apprendront des ennemis pendant la durée de leur
garde; & fi cela étoit fort preffant, comme la marche d'un
corps de troupes, ils le manderont en même-temps au
Général.

Ils fe conformeront pour la manière de faire leur rapport,
à ce qui eft prefcrit au *Titre XIV, article 14.*

55.

LES poftes des brigades de flanc fe ferviront de leurs
Cavaliers d'ordonnance pour le même objet.

56.

LE Lieutenant qui devra être détaché du pofte du Capitaine, marchera avec lui jufqu'au pofte que le Capitaine
devra occuper, où il le quittera pour aller prendre le fien,
conduit par un Soldat d'ordonnance.

57.

LE Capitaine enverra pendant la journée le mot d'ordre
ou de ralliement au Lieutenant détaché de fon pofte, &
celui-ci ne le donnera que le foir aux bas Officiers qui feront
avec lui.

58.

LE Lieutenant détaché n'enverra pas d'ordonnance chez
le Major du régiment, mais au pofte du Capitaine.

59.

IL fe conduira pour relever ce pofte, pour fa fûreté
& pour fon fervice, de la même manière qu'il eft dit ci-
deffus pour le Capitaine.

60.

LORSQU'IL fera relevé, il viendra rejoindre le Capitaine

B b

à son poste pour retourner au camp avec lui, sans que ni l'un ni l'autre puisse s'en retourner séparément.

61.

LES Officiers de garde descendront exactement la parade à la tête du camp de leur régiment.

62.

ILS y mettront leur détachement en bataille, en feront l'appel, & après lui avoir fait faire demi-tour à droite, ils le congédieront.

63.

ILS feront rapporter en même-temps à la division d'Artillerie de la brigade, les outils qui auroient pu être donnés à leur détachement, & en retireront le reçu.

64.

ILS iront ensuite rendre compte à leurs Brigadiers des hommes qui pourront manquer, & des autres choses qui mériteront attention.

65.

ILS en informeront pareillement le Major de leur brigade, & celui-ci en rendra compte au Major général.

TITRE XXI.

Instruction particulière pour tout Officier commandant dans un poste ou lieu fermé.

TOUT Officier en arrivant dans le poste qu'il doit occuper, s'y retranchera, & emploira tous les moyens possibles pour le mettre en état de défense.

Il déterminera la force & l'espèce de son retranchement, relativement à la nature du terrein, à la force de son détachement & à l'objet de son poste.

Si son poste est en avant de l'armée, & à portée d'être attaqué, il se retranchera par une redoute; les redans, flèches ou autres fortes de retranchemens, pouvant être tournés par leur gorge, & ne devant être employés que quand ils feront foutenus & appuyés par un corps de troupes.

S'il eft dans un village ou autre endroit fermé, dont il ne puiffe défendre l'enceinte entière, il fe placera dans un cimetière, mafure de pierre ou réduit avantageux, d'où il puiffe à la fois couvrir le chemin par où il devra fe retirer, & celui par où l'ennemi pourra venir à lui.

Lorfque l'ennemi paroîtra en force, il fera rentrer fes poftes en fentinelles avancés dans fon retranchement, & en fera fermer toutes les barrières & avenues.

Il enverra fur le champ informer le Général de l'armée, & avertir le corps des troupes le plus à portée de fon pofte.

Si le pofte n'étoit fufceptible d'aucune défenfe, ou que par quelque circonftance, il ne fe trouvât pas fuffifamment retranché, l'Officier qui y commandera pourra fe retirer lorfque l'ennemi menacera de l'attaquer avec des forces très-fupérieures.

Tout pofte retranché à portée de l'armée ou d'un corps de troupes, devant s'attendre à être fecouru, l'Officier qui le commandera fera en conféquence fes difpofitions de défenfe, ne prenant confeil que de lui feul, parlant aux troupes d'un ton ferme, & n'écoutant à aucune fommation de la part de l'ennemi, en quelque nombre qu'il arrive.

Il aura attention fur-tout de ne point confondre les attaques volantes avec les attaques véritables, afin de ne pas confommer fes munitions mal-à-propos.

Il ne garnira le parapet de fon pofte que de quelques Fufiliers, gardant le gros de fa troupe enfemble, laiffant arriver l'ennemi au pied du retranchement, & s'avançant alors en force fur la banquette pour le repouffer.

Il n'abandonnera le pofte qu'après s'y être long-temps défendu, & avoir perdu, par la fupériorité de l'ennemi, toute efpérance de s'y foutenir ou d'y être fecouru.

Si l'ennemi lui a coupé le chemin de la retraite, & qu'il

ne puisse plus se l'ouvrir, ni compter sur aucun secours, il ne capitulera qu'à l'une des extrémités suivantes.

De n'avoir plus de munitions, après les avoir ménagées avec soin.

De manquer de vivres, après avoir réduit la nourriture du Soldat, & avoir souffert quelque temps la faim ou la soif.

Et enfin d'avoir perdu la plus grande partie de son monde.

Il observera toutefois en se rendant, qu'il n'y a que deux formes de capitulation dont on ne peut s'écarter ; l'une d'obtenir les honneurs de la guerre, & la seconde de se rendre prisonnier de guerre; dernière condition qu'il n'acceptera qu'à toute extrémité; toute autre capitulation, comme de ne pas servir de la guerre, ou dans un pays déterminé, ou contre la Puissance avec laquelle on est en guerre, ne pouvant jamais être admise dans sa justification.

Aucun Officier ne pourra de même capituler, par la considération de ménager le lieu & les habitans, ou de conserver les troupes qui lui sont confiées; ce n'est point à lui à calculer ces motifs, à moins qu'ils ne lui soient recommandés dans les ordres qui lui ont été donnés; son premier & unique objet doit être de se défendre jusqu'à l'extrémité, & de saisir l'occasion de se signaler.

TITRE XXII.
Des Sentinelles.

ARTICLE PREMIER.

LES sentinelles seront toujours placées à portée, & s'il se peut, en vue de la garde qui les pose.

Si pour quelque raison particulière, on étoit obligé d'en placer une assez éloignée pour n'être vue ni entendue du poste, l'Officier qui la commandera, placera un bas Officier & quatre hommes pour fournir cette sentinelle, & communiquer

101

communiquer avec elle, ou au moins il sera posé une sentinelle
intermédiaire qui puisse voir & entendre la sentinelle la plus
avancée, & avertir le poste.

2.

LES sentinelles des postes seront relevées de deux heures
en deux heures, sans qu'on puisse les laisser plus long-temps
en faction.

3.

LORSQU'ON campera dans les temps de grandes gelées,
on les relèvera toutes les heures, & même plus souvent si
cela étoit nécessaire.

4.

AVANT que les sentinelles partent d'un poste, elles seront
présentées par le Caporal de pose à celui qui le commandera.

5.

CELUI-CI les fera mettre en haie, & examinera si elles
sont en état de tout point, si leurs fusils sont bien amorcés,
si les pierres sont fermes & bien placées.

6.

IL aura soin, avant leur départ, de régler les lieux où
chacune d'elles devra être posée; les plus anciens Soldats
devant toujours être mis en faction dans les postes avancés

7.

ELLES partiront toutes ensuite, sous la conduite du
Caporal qui marchera à la tête, & elles le suivront deux à
deux sans le quitter, ni l'aller attendre en chemin pour
quelque raison que ce soit.

Le Caporal commencera toujours par relever la sentinelle
la plus avancée.

8.

CELLES qui seront relevées le suivront de même pour
revenir au poste, & aucune d'elles ne pourra poser les armes,
qu'après que le Caporal les aura présentées à l'Officier, &
qu'il aura ordonné de les faire rentrer.

9.

LES sentinelles, en se relevant, se présenteront les armes l'une à l'autre, & elles se donneront la consigne en présence de leur Caporal, qui s'avancera seul pour l'entendre donner, les sentinelles qui ne seront pas encore posées s'arrêtant quatre pas derrière lui.

Les Officiers de garde iront successivement visiter les sentinelles, leur faire répéter la consigne qu'elles auront reçue, & la leur expliquer.

10.

AUCUNE sentinelle ne se laissera jamais relever que par les Caporaux de son détachement.

Les sentinelles doivent regarder attentivement de tous les côtés pour bien découvrir ce qui se passe autour d'elles, & avertir de la voix ou par signes, quand elles découvrent des troupes, ou plusieurs personnes venant de leur côté.

11.

PENDANT tout le temps qu'une sentinelle sera en faction, elle ne pourra jamais quitter ses armes, ni s'asseoir, ni lire, ni chanter, ni même parler à personne sans nécessité.

Les sentinelles doublées ne doivent jamais parler ensemble que pour ce qui regarde le service, elles seront tournées de deux côtés opposés; & lorsqu'il paroîtra quelques troupes, l'une viendra avertir la garde, pendant que l'autre restera pour observer. Si l'une des deux déserte, l'autre tirera dessus, & avertira au poste.

12.

TOUTE sentinelle qui sera trouvée en contravention sur quelqu'un de ces objets, ou qui aura manqué à sa consigne, sera à la descente de la garde, mise au piquet, ou passée par les verges, suivant la nature de sa faute.

13.

TOUTE sentinelle quelconque aura la baïonnette au bout du fusil.

103
14.

LORSQU'IL paffera un Officier à portée d'elle, elle
s'arrêtera, fera face en tête & portera les armes.

15

ELLE ne préfentera les armes que lorfque des troupes
pafferont à portée d'elle, ou qu'elle croira devoir fe mettre
en état de défenfe.

16.

TOUT Soldat commandé, foit pour marcher à l'avant-
garde, foit pour aller en faction, à la découverte ou en
patrouille, portera l'arme au bras & la baïonnette au bout.

17.

LES fentinelles placées pour la garde de l'artillerie ou des
poudres, feront faction le fabre ou la baïonnette à la main.

TITRE XXIII.

*Des Détachemens, du rang que les Troupes y
garderont entr'elles, & du rang que les Officiers
tiendront entr'eux pour les commander.*

ARTICLE PREMIER.

TOUT détachement fera formé à la tête du camp de fon
régiment, & de-là conduit au centre de la divifion, où le
Capitaine de piquet de la divifion fera chargé d'affembler
la totalité des détachemens.

2.

LE Capitaine de piquet de la divifion prendra en arrivant,
le nom & le grade de l'Officier qui commande le détachement, pour le remettre au Major de la divifion.

3.

S'IL ne doit pas y avoir d'affemblée de détachemens au
centre de la divifion, il partira en droiture du camp de fon
régiment pour fe rendre à fa deftination.

4.

LES détachemens d'Infanterie, de quelque régiment qu'ils foient, marcheront entr'eux fuivant le rang de leur brigade ; mais les Capitaines & Officiers commanderont fuivant l'ancienneté de leurs commiffions ou brevets ; les Capitaines de Grenadiers n'auront à cet égard d'autre avantage fur les Capitaines de Fufiliers, que de les commander toujours de droit à ancienneté égale.

5.

L'ANCIENNETÉ des commiffions ou brevets à parité de grade, déterminera de même le commandement entre les Officiers fupérieurs.

6.

EN conféquence, afin de prévenir à cet égard toutes conteftations ou méprifes, tous les Officiers fupérieurs & fubalternes qui marcheront en détachement, feront tenus de porter fur eux la commiffion ou le brevet de leur grade, ou à fon défaut, une atteftation fignée des Officiers fupérieurs de leurs régimens qui en conftate la date.

7.

SI lors de la réunion de plufieurs détachemens, il n'y a pas eu de Commandant fpécialement nommé, le commandement fera dévolu au plus ancien Officier, d'après la confrontation de leurs titres, faite en préfence du Major de la divifion ; & s'il y a un Commandant, cette confrontation fe fera pareillement en préfence de ce dernier, afin qu'à fon défaut, celui qui doit le remplacer foit inftruit qu'il doit prendre le commandement.

8.

A parité de grade & d'ancienneté dans ce grade, l'Officier qui auroit obtenu une commiffion d'un grade fupérieur, quoiqu'il n'eût pas marché en cette qualité, prendra le commandement.

A parité abfolue de grade & d'ancienneté de grade, l'ancienneté de fervice aura le commandement ; & à parité
de

105

de grade, d'ancienneté de grade & d'ancienneté de service,
ce fera l'Officier du plus ancien régiment qui prendra le
commandement.

9.

LES Colonels-commandans auront en toute occafion,
le rang & le commandement fur tous les Colonels en
fecond; les Capitaines-commandans, fur les Capitaines en
fecond; & les Lieutenans en premier, fur les Lieutenans
en fecond.

Les Colonels-commandans & les Colonels en fecond,
auront de même le rang & le commandement fur les
Colonels par commiffion qui ne feront point attachés acti-
vement à des troupes, & qui feront fimplement à la fuite.
Il en fera de même de tous les autres grades en activité, qui
prendront toujours le rang & le commandement fur les
grades qui n'exifteront que par fimples commiffions ou brevets
à la fuite.

N'entend néanmoins Sa Majefté par ce qu'Elle règle
ci-deffus, faire perdre aux Colonels en fecond, & aux
Colonels & Lieutenans-colonels, qui ne font point attachés
effectivement à des troupes, les droits de leur ancienneté
pour parvenir au grade de Brigadier.

10.

TOUT Commandant de détachement, affignera à fon
choix, aux Officiers fupérieurs ou particuliers, les poftes
qu'ils devront y occuper, fans qu'ils puiffent former aucune
prétention relativement à leurs grades.

Il placera de même les troupes comme il le jugera
néceffaire, fans que, fous prétexte de rang ou de préro-
gative, elles puiffent refufer de fe conformer à ce qui fera
par lui ordonné : Il obfervera cependant, autant qu'il fera
poffible, de ne point féparer les détachemens d'un même
régiment & d'une même brigade.

11.

L'OFFICIER de grade fupérieur, foit d'Infanterie, de

Dd

Cavalerie ou de Dragons, commandera par-tout à celui d'un grade inférieur.

12.

À parité de grade, l'Officier d'Infanterie commandera dans les lieux fermés par préférence à celui de Cavalerie & de Dragons; & lorsqu'ils se trouveront ensemble en campagne, ou dans des lieux ouverts, l'Officier de Cavalerie ou de Dragons prendra le commandement par préférence à celui d'Infanterie.

13.

DANS les détachemens mêlés d'Infanterie, de Cavalerie, ou de Dragons à pied, les Officiers d'Infanterie commanderont, à grade égal, ceux de Cavalerie ou de Dragons qui auroient marché avec ces Cavaliers ou Dragons à pied : bien entendu que dans les détachemens où les Cavaliers & Dragons serviroient à cheval, leurs Officiers, à grade égal, commanderont en campagne ceux de l'Infanterie.

14.

TOUT Officier d'Infanterie, de Cavalerie ou de Dragons, qui aura été nommé à l'ordre de l'armée, ou aura reçu un ordre particulier du Général ou Commandant du camp pour commander un détachement composé d'Infanterie, de Cavalerie, ou de Dragons, le commandera pendant tout le temps que le détachement sera hors du camp, & dans quelque lieu qu'il se trouve.

15.

LORSQUE l'Officier commandant un détachement composé d'Infanterie, de Cavalerie & de Dragons, sera tué, fait prisonnier, ou se trouvera hors d'état de le suivre, l'Officier du grade supérieur après lui en prendra le commandement, ainsi qu'il a été dit ci-dessus *article 8.*

16.

LORSQU'IL ne se trouvera point d'Officiers de grade supérieur dans le détachement, mais plusieurs Officiers de ces différens corps d'un grade égal; si, au moment où le Commandant viendra à manquer, le détachement se trouve en plaine, le plus ancien Capitaine de Cavalerie ou de Dragons en prendra le commandement : fi au contraire il eft alors dans un lieu fermé, le commandement appartiendra au plus ancien Capitaine d'Infanterie.

Les Lieutenans & Sous-lieutenans de ces corps en uferont de même entr'eux.

L'Officier auquel le commandement d'un détachement fera ainfi échu, le confervera jufqu'à ce qu'il foit rentré au camp.

17.

QUAND un détachement fera dans le cas de fe mettre à couvert dans un lieu où il trouvera d'autres troupes établies pour la garde, l'Officier qui le commandera, fera aux ordres de celui qui commandera ledit pofte, pendant le temps que ledit Commandant du détachement jugera à propos d'y demeurer, quand même le Commandant dudit pofte feroit inférieur en grade au Commandant du détachement ; mais le Commandant du pofte, ne pourra y retenir le détachement fous quelque prétexte que ce foit.

18.

SI plufieurs détachemens fe rencontrent enfemble dans un lieu fermé, où il n'y aura pas d'autres troupes établies, le commandement fera réglé entr'eux pour tout le temps qu'ils feront réunis, comme s'ils n'étoient qu'un feul & même détachement, fans néanmoins que le Commandant d'un détachement puiffe empêcher l'autre de fuivre fes ordres & fa deftination.

19.

LORSQUE dans un détachement de l'armée, formé de différens corps, il fe trouvera des troupes des régimens des Gardes-françoifes ou Suiffes, les Commandans des détachemens de ces régimens prendront directement l'ordre & le détail de fervice du Commandant en chef du détachement, pour le rendre au chef particulier de leurs corps.

Dans toutes les circonftances, les commandemens feront

faits aux détachemens de ces deux régimens par leurs Officiers, d'après les ordres qu'ils auront reçus du Commandant en chef du détachement.

20.

LES Colonels & autres Officiers d'Infanterie, qui feront détachés pour escorter les convois d'artillerie, se conformeront à ce qui leur sera demandé par l'Officier d'Artillerie chargé du convoi, de quelque grade qu'il soit, pour l'ordre de marche des voitures, la disposition du parc, & les postes & sentinelles à placer pour éviter les accidens.

Ils défèreront aussi à ce qui leur sera proposé par l'Officier d'Artillerie pour l'heure du départ & les haltes, autant que cela pourra s'accorder avec les nouvelles qu'ils auroient des ennemis, & avec la sûreté & la défense du convoi dont le Commandant de l'escorte sera personnellement chargé.

21.

LORSQU'AVEC un convoi d'artillerie il n'y aura point de détachement du Corps-royal, les troupes qui serviront d'escorte à un convoi d'artillerie, fourniront un Soldat d'ordonnance au logis, ou à la tente de l'Officier d'Artillerie commandant ledit convoi, & si cet Officier est Lieutenant-colonel d'Artillerie, ou d'un grade supérieur, il aura de plus une sentinelle.

22.

TOUT Officier qui commandera un détachement sortant du camp pour aller aux ennemis, donnera un mot de ralliement à sa troupe, & même s'il en est besoin, un rendez-vous pour la rassembler, en cas que par quelques circonstances elle se trouvât séparée.

23.

LE Commandant d'un détachement pourra choisir l'Officier qu'il voudra pour commander les petites troupes qu'il enverra en avant, ou un détachement particulier.

24.

LES Officiers commandans les différentes troupes qui composeront

109

compoferont un détachement, fe tiendront exactement à leur
tête, foit en halte, foit en marche, & ils ne fouffriront pas
qu'aucun Soldat quitte fon rang & fes armes.

25.

PENDANT toute la durée du détachement, ils feront
refponfables de la difcipline des Troupes qu'ils commanderont,
& ils les tiendront avec autant d'ordre qu'au camp.

S'ils font en pofte fixe, ils les feront exercer régulièrement.

Le Commandant en chef du détachement, fera chargé de
la difcipline & tenue de toutes les troupes qui le compoferont,
& en fera perfonnellement refponfable.

26.

LES détachemens obferveront en marche le même ordre
& les mêmes précautions qui feront détaillées ci-après pour
les régimens, au *Titre des Marches*.

27.

LORSQU'UN détachement rentrant à l'armée, fe trouvera
à la vue du camp, & en dedans des grandes gardes, l'Officier qui le commandera, fera faire halte à fon avant-garde,
& mettre les troupes en bataille à mefure qu'elles arriveront,
faifant face au dehors du camp.

28.

LORSQUE fon arrière-garde l'aura joint, il fera défiler
devant lui chaque troupe, & la renverra à fon camp.

29.

IL examinera, avant de les faire défiler, s'il ne manque
perfonne; & s'il trouve quelqu'un chargé de maraude, il le
fera conduire au Prévôt.

30.

APRÈS avoir fait l'arrière-garde de tout le détachement,
il ira en rendre compte au Lieutenant général commandant
de la divifion, ou au Général de l'armée, s'il en a reçu une
inftruction particulière.

Ee

31.

Si le détachement est chargé d'escorter quelque convoi ou équipages, il ordonnera aux troupes de l'escorte qui auront la tête, de s'arrêter successivement, dès qu'elles seront à portée du camp, de se mettre en bataille; & après que le convoi ou équipages seront tous entrés dans le camp, il y fera rentrer son escorte.

32.

Les détachemens de chaque régiment, ne se sépareront qu'à la tête de leur régiment, & il ne sera permis à aucun Soldat de quitter plus tôt sa troupe.

33.

Les Officiers qui auront commandé ces détachemens, en rendront compte, à leur retour, à leur Brigadier & à leur Colonel, & en leur absence, au Commandant de leur régiment.

34.

Ils informeront aussi le Major de brigade, de ce qui s'y sera passé de nouveau, pour qu'il puisse en rendre compte au Major général.

35.

Il sera commandé avec un détachement de Major, de Lieutenant-colonel ou de Colonel, un Frater de leur brigade; & aux détachemens d'Officiers généraux, un détachement de l'hôpital ambulant, proportionné à leur force.

36.

Lorsqu'il sera fait des prises par les détachemens commandés par un Officier général ou un Brigadier, chaque Commandant de régiment, s'il y a des Corps entiers, ou les Commandans de chaque troupe, si on y a marché par détachement, feront rassembler les chevaux, mulets, effets, voitures, &c. pris par les Soldats de leurs régimens ou troupes, les feront vendre & distribuer le prix à chaque bas Officier & Soldat, ainsi qu'il est expliqué au *Titre des Prises*.

111

37.

A l'égard des détachemens de Colonel, Lieutenant-colonel & Major, il fera obfervé tout ce qui eft prefcrit au même *Titre des Partis*.

Il y aura feulement cette différence, que, foit dans les détachemens d'Officier général & Brigadier, foit dans ceux de Colonel, Lieutenant-colonel & Major, les Commandans ni les Officiers n'auront aucune part à la vente des prifes, dont le produit fera partagé tout entier entre les bas Officiers & Soldats qui les auront faites.

TITRE XXIV.

Inftruction pour les Commandans des Détachemens & Efcortes de Convois.

TOUT Officier, de quelque grade qu'il foit, chargé du commandement d'un détachement, doit tâcher de bien comprendre l'inftruction qui lui fera donnée en partant, & fe la bien faire expliquer ; puifque c'eft en conféquence qu'il doit régler la conduite qu'il a à tenir, qui doit être différente, fuivant les différens objets qu'il lui fera ordonné de remplir.

Ils peuvent être de plufieurs efpèces ; 1.° faire un avant-garde d'armée, ou d'un gros corps pour occuper un pofte avantageux & important ; 2.° faire une arrière-garde ; 3.° fuivre un ennemi battu ; 4.° pouffer un corps que l'ennemi auroit avancé pour couvrir fes mouvemens ou fa retraite ; 5.° efcorter un convoi ou des équipages ; 6.° aller aux nouvelles & reconnoître la marche ou la pofition d'un ennemi.

L'Officier chargé de faire l'avant-garde d'une armée ou d'un corps, doit pouffer vivement les troupes qu'il peut trouver devant lui, jufqu'à ce qu'il ait gagné la hauteur ou le pofte avantageux qu'il doit occuper ; quand il y eft parvenu, il doit s'y maintenir & s'y défendre avec la plus grande opiniâtreté, puisqu'il est soutenu de l'armée ou d'un gros corps, à qui il doit donner le temps d'arriver.

Dans une arrière-garde au contraire, il doit éviter de combattre & de s'engager le plus qu'il lui sera possible, & s'il y est forcé après avoir repoussé l'ennemi, il doit bien se garder de le suivre, puisque l'objet de l'ennemi qui l'attaque doit être de retarder sa marche pour donner le temps à des forces plus considérables d'arriver sur lui, & que le sien doit être de faire sa retraite sans perte.

Lorsqu'il aura à suivre un ennemi battu, il ne peut le faire trop vivement, sans cependant abandonner à sa poursuite la totalité du détachement ; mais suivant sa force, il en laissera débander une ou plusieurs troupes pour l'atteindre & l'empêcher de se rallier, & suivra avec le gros au trot & en bon ordre, pour être toujours en état de résister à des troupes fraîches s'il en survenoit.

Au contraire, lorsqu'il lui sera ordonné de pousser un corps que l'ennemi présenteroit devant lui, pour couvrir ses manœuvres, sa marche ou sa retraite, il doit l'attaquer avec la totalité du détachement & le plus vivement possible, l'objet étant alors de percer ce masque, pour voir ce que l'ennemi a, ou fait au-de-là.

L'escorte d'un convoi étant faite pour le défendre & le conduire sûrement à sa destination, l'objet unique de l'Officier qui la commande doit être de le couvrir, d'éviter de combattre autant qu'il lui est possible, de ne le faire que forcément, mais avec vigueur ; & quelque avantage que dans ce cas il puisse avoir sur l'ennemi, de ne le point poursuivre, & de continuer sa marche aussi-tôt qu'il le peut avec sûreté.

Quand il sera chargé d'aller aux nouvelles, ou de reconnoître la marche ou la position d'un ennemi, il doit marcher avec la totalité du détachement, jusqu'à une certaine distance de l'ennemi ; de-là il détachera des troupes à cheval qui se soutiendront en échelons ; il se portera légèrement avec les plus avancées sur quelque hauteur ou autre point d'où il puisse bien découvrir, & après avoir observé attentivement ce qu'il a

ordre

113

ordre de tâcher de connoître, il repliera de même légèrement les troupes qu'il aura avancées, & rejoindra le gros de TIT. XXIV.
son détachement; son objet étant alors rempli, & n'en devant
plus avoir d'autre que d'aller informer le Général de ce qu'il
aura vu & appris.

Pour s'acquitter de ces différentes commissions, tout
Commandant de détachement observera ce qui suit :

De quelque force que soit son détachement, il le fera
toujours marcher avec les plus grandes précautions, ayant
des patrouilles en avant de lui, derrière & sur ses flancs, &
ne s'engageant dans aucun village, chemins creux, bois ou
plaines, sans les avoir fait soigneusement reconnoître.

Il observera de disposer les troupes qui composeront son
détachement, dans le terrein & dans l'ordre qui leur est
propre, de manière que dans la plaine la Cavalerie couvre
l'Infanterie, & que dans les pays coupés l'Infanterie protège
la Cavalerie.

Dans les pays mêlés de plaines & défilés ou bois, il entre-
mêlera ces deux corps de manière qu'ils puissent au besoin
se secourir mutuellement.

Lorsqu'il marchera la nuit, dans quelque nature de terrein
que ce soit, il mettra toujours la plus grande partie de son
Infanterie à l'avant-garde, la faisant précéder par un petit
détachement de Cavalerie pour aller plus en avant, & l'avertir
de l'arrivée de l'ennemi; il fera suivre son Infanterie par le
gros de sa Cavalerie, à la queue de laquelle il mettra quelque Infanterie, qui sera elle-même suivie d'un petit détachement de Cavalerie pour faire son arrière-garde & l'instruire
de ce qui pourroit venir sur ses derrières.

La raison de cette disposition, est que si la nuit, le gros de
la Cavalerie faisoit l'avant-garde, & qu'elle fût culbutée par
l'ennemi, elle passeroit nécessairement sur le corps de l'Infanterie qui seroit derrière elle, & y causeroit le plus grand
désordre, qui seroit très-difficile à réparer; d'ailleurs il est peu
possible de faire usage de la Cavalerie la nuit, au lieu que
l'Infanterie peut toujours par son feu, pousser & arrêter l'ennemi;

F f

& en cas qu'elle fût obligée de plier, elle ne caufe point de défordre, irremédiable dans la Cavalerie. Si le détachement marche en retraite, il prendra l'ordre contraire.

Tout Commandant de détachement, & fur-tout de ceux qui fe portent fur l'ennemi, & font expofés à être attaqués dans leur retraite, doivent, en marchant en avant, examiner avec le plus grand foin le pays qu'ils parcourent, faire attention aux bois, marais, ponts qu'ils traverfent, & bien reconnoître les endroits où ils devront placer l'Infanterie pour protéger leur retour, & faciliter le paffage des défilés de la Cavalerie; & comme l'afpect des pays eft différent, fuivant le point de vue où on les voit, afin de fe pouvoir bien reconnoître dans leur retraite, ils s'arrêteront fouvent en fe portant en avant, & fe retourneront pour prendre des points de vue qui les guident quand ils feront obligés de revenir. Cette attention eft bien importante; pour l'avoir négligée, des détachemens ont été fouvent maltraités, ayant manqué de retrouver les ponts & paffages, & s'étant jetés dans des obftacles qui les ont arrêtés, & donné à l'ennemi le temps de les atteindre.

Dans les haltes, le Commandant mettra fon détachement en bataille, faifant face au terrein par où l'ennemi pourroit venir à lui, plaçant en avant & autour de fon détachement de petits corps-de-garde, des vedettes & des fentinelles pour être averti, & ne faifant repaître fes troupes que fucceffivement, les uns reftant à cheval & en ordre pendant que les autres feront débridés.

Il redoublera de vigilance & de précautions, lorfqu'il fera obligé de s'arrêter pour paffer la nuit.

S'il fe trouve dans le cas d'être attaqué par un corps fupérieur ou égal au fien, il difpofera fon détachement de la manière & dans le terrein le plus favorable aux différentes efpèces de troupes qui le compoferont.

Tout Commandant de détachement alliera la prudence avec le courage, en forte qu'il ne s'engage point fans néceffité, mais auffi qu'il n'évite point de combattre quand l'objet qu'il a à remplir le demande, & qu'alors il le faffe avec la plus

115

grande vigueur, en donnant lui-même l'exemple ; ce qui eſt
la manière la plus efficace d'engager les troupes à faire
leur devoir.

L'eſcorte des convois ou équipages demande des précautions particulières ; l'Officier qui en ſera chargé, ne négligera
rien pour être averti de la marche de l'ennemi, pouſſant
pour cela des patrouilles ſur tous les chemins par leſquels il
pourroit venir à lui, & ſur toutes les hauteurs d'où on pourra
le découvrir. Il ne diviſera jamais ſon eſcorte en petites
parties ; mais, ſuivant ſa force, il la ſéparera en pluſieurs
diviſions : il en placera une à la tête, une à la queue, &
les autres intermédiairement, de manière qu'elles puiſſent ſe
prêter ſecours, & ſe réunir au beſoin.

Il chargera particulièrement des Officiers & bas Officiers
choiſis, de veiller à ce que les chariots marchent toujours
ſerrés, & ne faſſent point une trop longue file.

Si le convoi doit paſſer un défilé ou chemin creux, le
Commandant enverra des détachemens d'Infanterie pour en
occuper la tête & les hauteurs qui le bordent, & il mettra
ſon eſcorte en bataille pour couvrir ſon convoi ; obſervant
que ſi c'eſt par ſes derrières qu'il a le plus à craindre, la plus
grande partie de l'eſcorte demeurera en-deçà du défilé pour
en couvrir le paſſage ; ſi c'eſt par le côté vers lequel il marche
que l'ennemi peut plus facilement l'attaquer, l'eſcorte ſe
portera en avant du défilé pour en protéger la ſortie, & quand
la totalité du convoi aura paſſé, on ſe remettra en marche,
& les troupes de l'eſcorte reprendront les poſtes qui leur
avoient été précédemment aſſignés.

Si, par la ſupériorité de l'ennemi, le convoi ne pouvoit
continuer ſa marche ſans danger, l'Officier qui le commandera, fera arrêter & parquer les voitures dans l'endroit le plus
avantageux, & il y demeurera juſqu'à ce que, par une défenſe
vigoureuſe, il ait pu forcer l'ennemi à ſe retirer, ou qu'il ait
été ſecouru.

Si, pendant que l'eſcorte eſt preſſée par l'ennemi, ou dans
un défilé, quelque chariot du convoi venoit à ſe briſer, la

charge en fera diligemment répartie fur les autres ; le chariot caffé jeté hors du chemin, & les chevaux attelés aux voitures qui en auroient befoin.

Lorfque le convoi s'arrêtera pour paffer la nuit, le Commandant en fera parquer les chariots dans un terrein libre & découvert, & occupera avec les troupes tous les points & débouchés qui pourront le couvrir ; lorfque fon parc fera également en fûreté au-delà comme en-deçà du village ou ruiffeau auprès duquel il s'arrêtera, il fera parquer fon convoi au-delà, étant toujours avantageux de paffer le défilé lorfqu'on arrive, & pendant que les voitures font en file ; mais cet arrangement de commodité doit toujours être fubordonné à la fûreté du convoi.

Tout ce qui eft prefcrit ci-deffus, concerne tout Commandant de détachement, de quelque nombre de troupes qu'il foit formé ; mais dans les détachemens ou efcortes particulières de cent cinquante, cent ou feulement cinquante hommes d'Infanterie, l'Officier qui en fera chargé, redoublera d'attention & de prévoyance, le petit nombre de troupes qu'il a avec lui les lui rendant plus néceffaires.

Il ne féparera point alors fon détachement ; il mettra feulement une efcouade à la tête, une à la queue, & quelques Soldats fur les flancs pour faire filer les voitures, y maintenir l'ordre, & l'avertir fi l'ennemi paroiffoit ; & il fe placera avec la totalité de fon détachement dans l'endroit le plus expofé, d'où il fe portera avec lui par-tout où le befoin l'exigera. Si le détachement étoit de cinquante ou foixante hommes, au lieu d'efcouades, il ne mettroit que deux Fufiliers à la tête & à la queue du convoi.

En cas d'attaque, il aura attention de bien ménager fon feu, de ne jamais faire tirer la totalité de fa troupe à la fois ; mais l'ayant divifée en deux fections, de ne faire tirer la feconde qu'après que la première aura rechargé. Toute troupe qui marchera feule, quand elle ne feroit que d'une efcouade, fera toujours divifée en deux parties, & obfervera pour fon feu, ce qui vient d'être dit ci-deffus.

Si

117

Si par quelques circonstances, un détachement d'Infanterie
se trouvoit coupé dans la plaine, ou investi dans un village
ou poste, dans lequel il se seroit retiré, il s'y défendroit
jusqu'à ce qu'il fût dans la situation où il est permis hono-
rablement de capituler. Ces différens cas ont été expliqués
au *Titre XXI*, ainsi que les conditions de capitulation qu'on
est autorisé à accepter. Les Officiers de Cavalerie qui se
trouveront commander des détachemens d'Infanterie, seront
tenus d'en prendre connoissance, & de s'y conformer.

Si le détachement étoit de cent cinquante, cent, ou cinquante Maîtres, il se tiendroit ensemble, comme il a été dit
pour l'Infanterie. Tout Commandant observera de plus, que
toutes les fois qu'il n'aura point d'Infanterie avec lui, il ne
doit jamais s'enfermer dans des villages, châteaux ou autres
lieux fermés, & que dans tous les cas où il se trouveroit
coupé & séparé du camp, ou d'un plus gros corps dont il
seroit partie, il n'a que deux partis à prendre, l'un de
tâcher de regagner par un grand circuit l'armée, une réserve
ou une place; l'autre, de se faire jour par une charge vigou-
reuse, & en passant sur le corps aux troupes qui l'auroient
entouré, toute capitulation étant interdite en ce cas à la
Cavalerie.

TITRE XXV.

Des Marches.

ARTICLE PREMIER.

IL y aura toujours un ou plusieurs régimens Provinciaux
destinés à l'ouverture des marches, & aux opérations de
l'État-major de l'armée.

2.

CES régimens camperont en avant du quartier général;
& comme les travaux dont ils seront chargés, leur occasion-

neront beaucoup de fatigues, on les cantonnera à portée toutes les fois que cela sera possible.

3.

LORSQUE les circonstances l'exigeront, on rassemblera dans le pays, des Pionniers qui y seront joints & seront employés, sous les ordres des Officiers & bas Officiers desdits régimens, aux travaux ordonnés.

4.

CES Pionniers recevront chacun une ration de pain par jour, & les mêmes ne seront jamais gardés plus de quatre jours.

5.

IL sera nommé au commencement de chaque campagne, par le Maréchal-général-des-logis de l'armée, un Aide-maréchal-général-des-logis intelligent & actif, pour être chargé en chef de l'ouverture des marches.

6.

CET Officier aura sous lui six Aides-maréchaux-généraux-des-logis, ou Officiers attachés à l'État-major, qui seront chacun particulièrement chargés de l'ouverture d'une colonne.

7.

ON affectera un nombre de compagnies Provinciales à chacun de ces six Officiers, pour travailler, sous leurs ordres, à l'ouverture des marches de la colonne dont ils seront chargés.

8.

ON attachera à chacune de ces divisions de compagnies provinciales, un certain nombre de chariots détachés du parc d'artillerie, chargés d'outils, de poutrelles, de madriers; & on y joindra un des ponts légers dont on s'est servi avec succès les dernières campagnes.

9.

LES chemins des colonnes seront toujours ouverts, autant qu'il se pourra, sur cinq toises; l'on donnera la même largeur aux ponts qui devront se jeter sur les ruisseaux & ravins,

119

afin que les colonnes marchent toujours, s'il eſt pòſſible, sur le même front.

Il ſera pratiqué de plus, ſur la droite & ſur la gauche des chemins, des colonnes, des paſſages, afin que, ſous aucun prétexte, les Officiers ni les chevaux de compagnies, ne puiſſent gêner les Soldats dans la marche.

10.

AUSSI-TÔT que l'armée ſera arrivée dans un camp, le Maréchal-général-des-logis, après avoir pris l'ordre du Général, donnera les ſiens à l'Aide-maréchal-général-des-logis, chargé en chef des marches, pour en ouvrir une du côté où le Général ſe propoſe de marcher, & il y ſera travailler ſur le champ avec la plus grande diligence.

Lorſque l'armée ſéjournera quelques jours dans un camp, il ſera ouvert des marches en avant, en arrière & ſur les deux flancs de l'armée, juſqu'à pluſieurs lieues s'il eſt poſſible de ſon camp, en ſorte que ſuivant les circonſtances, elle puiſſe ſe porter facilement où le beſoin pourroit le demander.

11.

L'ARMÉE marchera ordinairement ſur ſix colonnes; chaque aile de Cavalerie & chaque diviſion d'Infanterie, formera la ſienne, la plus ancienne brigade en ayant la tête, ſuivie des autres de première ligne, & enſuite de celles de ſeconde, dans le même ordre que celles de première.

Les corps campés en réſerve marcheront par la colonne, & dans le rang qui leur ſera preſcrit par le Général.

12.

LORSQUE l'armée marchera ſur quatre colonnes, la première ligne de Cavalerie de l'aile droite, marchera avec la première diviſion d'Infanterie, & la ſeconde avec la ſeconde diviſion.

La première ligne de l'aile gauche de Cavalerie, marchera avec la quatrième diviſion, & la ſeconde avec la troiſième.

Les deux brigades d'Infanterie, couvrant les ailes, marcheront par la même colonne que la première ligne de la

Cavalerie de leur aile, & feront l'arrière-garde des troupes de cette colonne.

1 3.

LA nature du pays règlera alors fi la divifion d'Infanterie devra avoir la tête ou la queue des colonnes, on en avertira dans l'ordre de marche.

1 4.

LORSQUE l'on marchera fur fix colonnes, les deux brigades d'Infanterie, deftinées à couvrir les flancs de la Cavalerie, marcheront de même à la tête ou à la queue de la Cavalerie de leur aile, fuivant la nature du pays.

1 5.

LES divifions d'Artillerie attachées aux quatre divifions d'Infanterie, marcheront toujours à la fuite de l'Infanterie de la divifion dont elles feront.

Si, par la nature du pays, cela devenoit impoffible, elles en feroient averties par le Major général, & il leur feroit en même-temps indiqué la colonne par laquelle elles devroient marcher.

1 6.

LE gros parc d'Artillerie marchera toujours par la colonne qui fera la meilleure, & après les menus & gros équipages de cette colonne.

L'itinéraire particulier fera envoyé au Commandant de l'Artillerie.

1 7.

LES équipages du quartier général, marcheront par la colonne qui fera indiquée dans l'ordre qui fera donné au Vaguemeftre général; le tréfor aura toujours la tête des gros équipages du quartier général.

1 8.

CHAQUE bataillon donnera un Caporal & une efcouade d'efcorte à fes équipages; les régimens de deux bataillons y mettront un Sergent & deux efcouades; ces efcortes feront aux ordres d'un Lieutenant ou Sous-lieutenant par brigade.

Lorfque

121

Lorſque les équipages ne marcheront point avec les troupes, il fera commandé en outre des eſcortes proportionnées aux circonſtances.

19.

LORSQUE toute l'Infanterie de l'armée devra marcher ou prendre les armes, on battra d'abord *la générale*, enſuite *l'aſſemblée* & *le drapeau*.

Quand il ne devra marcher qu'une partie de l'Infanterie, on battra *le premier* au lieu de *la générale*.

20.

IL ne ſera jamais laiſſé plus d'une demi-heure d'intervalle de *la générale* à *l'aſſemblée*, & plus d'une heure de *l'aſſemblée* au *drapeau*.

21.

LES Officiers généraux & particuliers donneront ordre, une fois pour toutes, que leurs équipages & effets ſoient raſſemblés tous les ſoirs & prêts à charger, afin que ſi l'armée ou les équipages reçoivent pendant la nuit ordre de partir, rien ne puiſſe retarder leur marche.

22.

ON n'avertira jamais à l'ordre que l'armée devra marcher le lendemain, & *la générale* ſera toujours le ſignal du départ.

23.

LES jours de marche, le Tambour de ſa garde de la place du quartier général, & le Trompette de la garde de Cavalerie, commenceront à battre *la générale* & à ſonner *le boute-ſelle*, au moment que cela leur aura été ordonné par le Major général; ils ſortiront du quartier général en battant & ſonnant, & iront juſqu'au plus prochain régiment de la ligne, qui donnera auſſitôt le ſignal pour avertir les Tambours & les Trompettes de ſe préparer à battre & ſonner, & incontinent après, ils battront *la générale* & ſonneront *le boute-ſelle*.

Tous les Tambours des gardes de police, & de celles des Officiers généraux, battront auſſi en même-temps *la générale*.

H h

24.

UNE demi-heure après *la générale*, on battra *l'assemblée*, & une heure après *l'assemblée* on battra *le drapeau;* le signal pour ces batteries sera donné pour la ligne, par les Tambours du premier régiment d'Infanterie de la droite; & pour le quartier général, par celui de la garde de la place.

25.

AUSSITÔT qu'on battra *la générale*, il partira du quartier général quatre Aides-majors-généraux, pour se rendre diligemment au camp, & y porter chacun à un des Majors des quatre divisions d'Infanterie, les ordres, s'il y en a de particuliers à leur donner, ce qui devra arriver très-rarement, les ordres généraux, détaillés dans les articles suivans, devant suffire pour procurer la célérité & l'ordre dans les marches.

26.

TOUTES les fois qu'on battra *la générale*, les Officiers & Soldats se lèveront, s'habilleront & s'armeront promptement; on sellera & bâtera les chevaux, & on harnachera ceux de l'Artillerie & des voitures à roues.

A *l'assemblée*, on détendra, chargera & attellera diligemment.

Au *drapeau*, les troupes se mettront en bataille à la tête de leur camp.

Les divisions d'Artillerie se tiendront prêtes à prendre la queue des colonnes d'Infanterie auxquelles elles sont attachées. Les menus équipages se placeront de manière à pouvoir suivre l'Artillerie de leur division. Les menus équipages des Officiers généraux de la division ayant la tête des menus équipages des troupes qui garderont entr'eux le rang que leurs brigades tiennent dans leur division. Les gros équipages suivront ensuite dans le même ordre; & les vieilles gardes se rendront au centre de la queue du camp de la seconde ligne de leur division, pour faire l'arrière-garde des équipages.

27.

LORSQUE l'armée marchera sur six colonnes, il n'y aura

123

donc aucun ordre à donner; & quand elle marchera feulement fur quatre, il fuffira que le Major général en prévienne
par écrit les Majors des divifions, ou donne en conféquence
des ordres aux Aides-majors généraux chargés de la formation
des colonnes de marche.

28.

COMME la marche de l'armée doit être ordinairement
couverte par des corps avancés, les bataillons de Grenadiers
& Chaffeurs de chaque divifion, fuffiront pour faire l'avant-
garde de la colonne par laquelle elle marchera; ils feront
fuivis des nouvelles gardes & des campemens.

La divifion d'Artillerie d'avant-garde marchera ordinairement après les bataillons de Chaffeurs de la feconde divifion
d'Infanterie.

Lorfqu'elle devra avoir une autre deftination, parce que
le Général jugera à propos de faire marcher les bataillons
de Grenadiers & Chaffeurs de la feconde divifion par
quelqu'autre colonne, le Major général en avertira le Major
de la feconde divifion dans l'ordre qu'il lui enverra, pour
qu'il le faffe favoir à l'Officier d'Artillerie qui commandera
l'Artillerie d'avant-garde.

29.

SI le Général jugeoit à propos de raffembler tout ou
plufieurs bataillons de Grenadiers ou Chaffeurs, pour renforcer l'avant-garde d'une colonne, cela fera marqué dans
les ordres envoyés par le Major général aux Majors des
divifions.

30.

MAIS dans tous les cas, les nouvelles gardes & les campemens, marcheront à la tête de la colonne de leur divifion,
& ne feront point raffemblés dans un même point, pour
leur éviter la fatigue de s'y rendre, & celle, en arrivant au
nouveau camp, de venir regagner le terrein que leurs
régimens devront occuper, ou les poftes où elles devront
être placées, qui feront toujours ceux les plus à portée de
leur camp.

31.

LORSQU'IL y aura des ordres particuliers pour la marche à envoyer par le Major général aux Majors des divisions, ils feront toujours écrits en cette forme.

Première Colonne.

Elle fera compofée de la brigade de .... de celle de .... &c. dans l'ordre où elles devront marcher.

L'Artillerie marchera après la brigade de ......

Les équipages s'affembleront à tel rendez-vous.

Les bataillons de Grenadiers & Chaffeurs de cette divifion, fe rendront à telle heure à la tête de la brigade de ......

Les anciennes gardes fe raffembleront à tel rendez-vous, pour faire l'arrière-garde des équipiges.

Et ainfi des autres chofes qu'il pourroit avoir à ordonner, énoncées en peu de paroles, fans entrer dans aucun autre détail, & fans inftruire une colonne des ordres qui concerneroient les autres; à moins que cela ne devînt néceffaire pour l'arrangement général de la marche.

32.

S'IL ne devoit marcher qu'une ou deux brigades, les Aides-majors généraux fe rendroient en droiture au camp de ces brigades pour leur en donner l'ordre; & ils en inftruiroient enfuite les Majors des divifions dont elles feroient partie.

33.

TOUTES les fois qu'on battra *la générale*, les Officiers généraux fe rendront promptement à la tête de leur divifion; les bataillons de Grenadiers & Chaffeurs, s'affembleront fur le champ cent pas en avant du centre du camp des brigades de première ligne de chaque divifion; les nouvelles gardes fe formeront derrière eux, les campemens en troifième ligne, enfuite les convalefcens, & ils attendront ainfi les ordres qui leur feront donnés.

34.

125

34.

Si *la générale* se battoit pour une réjouissance, & que l'armée ne dût pas marcher; les Troupes en seroient prévenues, afin que les bataillons de Grenadiers & Chasseurs, & les campemens ne s'assemblassent pas.

35.

Dès que l'ordre aura été donné pour marcher, les Majors de brigade avertiront les Officiers détachés de ce qui sera ordonné pour eux.

. 36.

Lorsqu'on battra *la générale* ou *le premier;* les Officiers de piquet des brigades qui devront marcher, monteront à cheval; ils se partageront à la tête, à la queue & sur les flancs de leurs régimens, & ils feront poser des sentinelles d'augmentation où ils le jugeront nécessaire, afin d'empêcher les Soldats de sortir du camp.

37.

Lorsque le Général aura ordonné un rendez-vous pour assembler les bataillons de Grenadiers & de Chasseurs, pour faire l'avant-garde, le Maréchal-de-camp de jour, les Officiers supérieurs de piquet, & les Chefs des différens États-majors, ou en leur absence un de leurs Aides, se rendront à ce rendez-vous d'assemblée, pour marcher avec cette avant-garde; & le Major de piquet y rangera les bataillons de Grenadiers & de Chasseurs, dans le même ordre que leurs brigades seront campées dans l'armée.

Mais quand le Général n'aura point donné cet ordre, tous les Officiers se rendront à la tête des Grenadiers & Chasseurs de la seconde division d'Infanterie; il s'y trouvera un Officier de l'État-major de l'armée, & ils se mettront en marche aussitôt après que *l'assemblée* aura été battue.

Les bataillons de Grenadiers & Chasseurs, les nouvelles gardes & les campemens des autres colonnes, s'ébranleront aussi en même-temps; ils seront aux ordres de l'Officier supérieur le plus avancé en grade parmi ceux qui com-

I i

manderont les bataillons de Grenadiers & de Chaffeurs, ou les escadrons de Chevaux-légers & de Chaffeurs de leur colonne.

Lorsqu'ils seront arrivés dans le terrein du nouveau camp, ils feront halte, & y attendront les ordres du Maréchal-de-camp de jour.

38.

QUAND il sera ordonné que les vieilles gardes de plusieurs divisions s'assemblent à un rendez-vous indiqué, un ou plusieurs Officiers supérieurs sortant de piquet, suivant leur nombre, s'y trouveront pour les commander; le Major sortant de piquet, les assemblera & les disposera par rang de division & de brigades, & marchera avec elles.

39.

A l'assemblée on fera détendre, plier les tentes, & charger les équipages & chevaux de compagnies.

40.

ON observera, pour détendre le camp du Soldat, que deux hommes par tente se placent aux deux mâts, aussitôt que l'assemblée commencera à battre, & que toutes les tentes tombent à la fois, lorsque les Tambours cesseront.

41.

LES Officiers & bas Officiers tiendront la main à ce que chaque Soldat rassemble ses effets, outils, armemens & autres ustensiles, & ils empêcheront qu'il n'y ait de dispute entr'eux pour les porter.

42.

ILS leur feront éteindre exactement les feux, & empêcheront qu'ils ne brûlent la paille & les barraques du vieux camp.

Les Commandans des corps en seront responsables.

43.

UN quart-d'heure avant qu'on batte le drapeau, les com-

pagnies prendront les armes & se mettront en haie dans les
grandes rues du camp, sans déborder le front de bandière,
& les Sergens marqueront les rangs qu'elles devront former.

TIT. XXV.

44

LES Capitaines feront ensuite l'appel & l'inspection, &
veilleront à ce que chaque Soldat soit muni de son petit
bidon plein d'eau.

45.

ILS feront distribuer devant eux par les Chefs d'escouades,
deux cuillerées de vinaigre par bidon, afin d'épurer l'eau &
de lui ôter sa crudité.

46.

LES Vivandiers des régimens s'arrangeront entr'eux pour
avoir toujours deux petits tonneaux de vinaigre de vin d'une
bonne espèce; ce vinaigre sera taxé à un prix raisonnable
en entrant en campagne, par le Prévôt de l'armée, & ce
prix ne changera plus. Les Majors tiendront la main à ce
que cet article soit exécuté; ils empêcheront aussi que les
Vivandiers ne débitent d'eau-de-vie de grain qui est très-mal
saine; mais seulement de l'eau-de-vie de vin d'une bonne
qualité.

47.

LORSQUE l'on battra *au drapeau*, les Capitaines feront
marcher leur compagnie pour se former en avant des
faisceaux.

Ils observeront de déboucher des rues tous en même
temps, & dès que le bataillon sera en bataille, il s'alignera
sur celui de la droite de sa brigade, qui devra lui-même
s'aligner sur le premier bataillon de la droite de la ligne.

48.

AUSSITÔT qu'on battra *la générale*, les Aides-maréchaux
des logis de l'armée partiront du quartier général pour se
rendre à la tête des colonnes qu'ils devront conduire, &
remettre leur itinéraire aux Officiers généraux qui les
commanderont.

49.

DÈS que les troupes feront en bataille, l'Aide-major général, chargé de la formation de chaque colonne de l'armée, y fera entrer les brigades qui devront la compofer, & la difpofera à fe mettre en marche par les mouvemens prefcrits dans le nouveau Règlement *des Manœuvres*.

50.

LES brigades de feconde ligne viendront en même-temps joindre celles de la première, & auffitôt que toute l'Infanterie qui devra compofer la colonne, fera ferrée, ainfi qu'il vient d'être dit, l'Officier général qui la commandera, en mettra la tête en mouvement.

51.

SI l'Officier général commandant la colonne, n'y étoit pas rendu à l'heure qu'elle devra partir, celui qui la commandera dans ce moment, la mettra en marche, afin de ne point faire attendre les troupes; étant bien fûr que l'Officier général qui ne fe trouvera pas à fa divifion à l'heure prefcrite, eft employé ailleurs plus utilement pour le fervice du Roi, ou eft malade; & dans ces cas il en fera rendu compte en arrivant au camp, au Général de l'armée, par l'Officier général, ou autre qui aura conduit la colonne à fa place.

52.

LORSQU'IL n'aura point été commandé de Travailleurs pour marcher à la tête des colonnes, la brigade qui marchera la première, en fournira le nombre néceffaire pour les befoins imprévus.

53.

IL y aura de plus à la tête de chacune des autres brigades, cinquante Travailleurs deftinés à réparer les chemins qui auront été gâtés par le paffage de celles qui la précéderont.

54.

LES Troupes devront garder pendant toute la marche, le même ordre dans lequel elles fe feront formées en partant

du

129

du camp; en forte, qu'elles puissent se mettre en bataille le
plus promptement possible, lorsque les circonstances l'exigeront.

TIT. XXV.

Pour leur en faciliter le moyen, il sera défendu aux
Officiers de quelque grade qu'ils soient, de marcher à cheval,
entre les troupes; ils observeront de se tenir sur le flanc de
la colonne, à hauteur de leurs divisions & pelotons.

55.

LES Brigadiers & Commandans des corps détermineront
sur quel flanc de la colonne les Officiers devront marcher;
observant qu'ils soient toujours placés au-dessous du vent,
afin de ne point incommoder les Soldats par la poussière.

56.

IL y aura toujours un Officier qui précédera de cent pas
chaque régiment, pour reconnoître les passages sur la droite
ou la gauche des ponts & communications, & les indiquer
aux Officiers.

57.

S'IL se trouvoit des défilés où ils fussent indispensablement
obligés de passer avec leur troupe, alors ceux de chaque
bataillon se partageroient pour passer à la tête & à la queue;
ceux de la tête s'y porteroient promptement, pour ne pas
retarder la marche; & aussi-tôt après le passage du défilé,
ils reprendroient leur place sur le flanc de la colonne.

58.

LES chevaux des tentes des compagnies marcheront aussi
sur un des flancs de leurs bataillons; & lorsqu'il se trouvera
un défilé sans passage sur la droite ou sur la gauche, ils le passeront à la queue desdits bataillons, comme il est dit ci-dessus.

Les chevaux des tentes ne quitteront jamais leurs bataillons,
& ne seront jamais regardés comme équipages.

59.

LES Capitaines pourront se faire suivre dans les marches,
par un Valet à cheval, & les Lieutenans par un seul de deux

K k

---

en deux. Ces Valets se tiendront près d'eux; mais ils ne pourront sous aucun prétexte mener aucun cheval d'équipage.

60.

IL ne sera souffert pareillement dans les colonnes des troupes, sous tel prétexte que ce puisse être, aucune espèce de voiture à roues.

61.

LES Sergens des compagnies marcheront toujours aux ailes des pelotons.

62.

ILS auront soin que les Soldats ne confondent point leurs rangs, & ne changent rien aux distances ordonnées.

63.

SI la difficulté des chemins occasionne quelque défectuosité à cet égard, ils la feront rétablir aussi-tôt l'ordre prescrit.

64.

ILS empêcheront que les Soldats n'attachent à leurs fusils, ni bidon, ni bâton de tente, ni autres effets, afin qu'ils soient toujours en état de porter les armes au premier signal.

65.

AUCUN Officier ne pourra quitter son peloton, sans la permission du Commandant de son régiment.

66.

SI un Soldat est forcé de quitter son rang pendant la marche, il en demandera la permission au Commandant de sa section, donnera son fusil à son camarade, & on laissera avec lui un bas Officier pour le ramener.

67.

LES Officiers subalternes seront responsables aux Capitaines, des Soldats de leur section qui s'écarteront, & les Capitaines répondront de ceux de leur compagnie.

68.

ON ne laissera jamais arrêter les Soldats aux ruisseaux ou puits pendant la marche, leurs bidons devant leur suffire.

69.

En paſſant dans les villages, on y laiſſera de bataillon en bataillon des Officiers & Sergens pour faire ſerrer, & empêcher qu'aucun Soldat ne s'y arrête.

70.

Si un Soldat eſt rencontré hors de la marche de l'armée ſans que ſon Capitaine ait averti le Commandant du bataillon, celui-ci le Commandant du régiment, & ce dernier le Brigadier, celui de ces Officiers qui y aura manqué, ſera reſponſable en ſon propre & privé nom du déſordre que ce Soldat aura fait.

71.

Il marchera ſur les flancs de chaque colonne un détache-ment de la Prévôté, avec un des Caporaux qui y ſont attachés, & les Commandans des régimens lui donneront main-forte s'ils en ſont requis.

72.

Les Brigadiers & Majors de brigade s'arrêteront ſouvent, pour voir ſi leurs brigades marchent dans l'ordre preſcrit, & ſi les Officiers ſont à leur place, & ſur le flanc de la colonne qui leur aura été indiqué.

73.

Ils feront réparer les ponts & communications qui auront pu ſe gâter par le paſſage des troupes qui les précèdent.

74.

Ils apporteront la plus grande attention à empêcher que la colonne ne défile, & à la faire avancer toujours ſur le même front ſur lequel elle ſe ſera miſe en marche.

75.

Si cependant cela devenoit impoſſible, ils feront paſſer le défilé aux Soldats, à pas redoublé, & les feront reformer auſſitôt qu'ils en ſeront ſortis.

76.

Ils obſerveront pareillement de ſuivre toujours le mouvement qui fera fait à la tête ; en forte que quand les brigades qui les précèdent, feront doubler ou dédoubler leurs pelotons, divifions ou bataillons, ils faffent auffi doubler & dédoubler les leurs, au même point où les autres auront commencé ce mouvement.

77.

ENFIN ils veilleront non-feulement à ce que les Officiers de leur brigade, n'aient à leur fuite que le nombre de Valets préfcrit ; mais ils feront encore arrêter tous Valets étrangers, chevaux d'équipages, Vivandiers, gens fans aveu, & Soldats d'autres régimens, qui marcheront avec leur brigade, & les feront remettre au détachement de la Prévôté de leur colonne.

78.

LES Officiers généraux commandant les colonnes, donneront la plus grande attention à ce qu'elles confervent pendant la marche, les diftances néceffaires pour fe mettre en bataille au premier ordre.

79.

ON fe conformera au furplus, pour les mouvemens qui devront préparer les colonnes à fe mettre en bataille, pour les manœuvres par lefquelles elles s'y mettront ; & pour toutes les circonftances relatives aux marches, comme haltes, paffages de défilés, &c. à tout ce qui fera prefcrit à ces divers égards, dans le nouveau Règlement *des Manœuvres*.

80.

LORSQUE l'armée fe mettra en bataille, les brigades d'Infanterie deftinées à couvrir les flancs, fe formeront en colonnes entre les deux lignes d'Infanterie, dans la difpofition qui leur fera ordonnée, fuivant la nature du terrein & des circonftances.

81.

DANS les marches de nuit, il fera obfervé le plus grand filence pendant tout le temps qu'elles durèront.

82.

133

82.

IL fera défendu d'entrer dans les grains pendant la marche, à moins que ce ne fût le chemin de la colonne.

83.

IL ne fera jamais crié ni *halte* ni *marche* dans les colonnes, & l'on ne fera paffer aucunes paroles.

84.

SI les troupes de la queue de la colonne, ne peuvent fuivre la tête, ou qu'il leur arrive quelques accidens qui les obligent à s'arrêter, le Tambour qui marchera à la tête du bataillon demeuré en arrière, appellera; alors les autres Tambours appelleront de bataillon en bataillon, jufqu'à la tête, qui fera halte, en attendant que l'on batte *aux champs* à la queue; & cependant l'Officier commandant le bataillon qui fera arrêté, enverra diligemment un Officier avertir l'Officier général commandant la colonne, de ce qui fera arrivé.

85.

DANS les marches ou haltes, il ne fera rendu d'honneur à perfonne; feulement lorfque les Princes du Sang & Légitimés de France, les Maréchaux de France & le Commandant de l'armée, pafferont le long d'une colonne qui fera en marche, les Soldats, fans s'arrêter, porteront leurs armes & aligneront leurs rangs.

Si la colonne eft en halte, les Soldats fe lèveront, & les Officiers fe placeront à leurs pelotons.

Lorfqu'une troupe en marche rencontrera le S.ᵗ Sacrement, elle s'arrêtera, fe mettra en bataille, & exécutera ce qui eft prefcrit au *Titre des Honneurs militaires;* il en fera ufé de même dans les haltes.

Toutes les fois qu'une troupe fera fous les armes, les Officiers ne falueront perfonne du chapeau, de quelque grade qu'il puiffe être; il en fera ufé de même dans les marches & haltes.

LI

86.

UN Sergent & un Caporal par régiment, avec un détachement de douze hommes fur la divifion, aux ordres d'un des Lieutenans de piquet de la divifion, feront l'arrière-garde de la colonne; ils vifiteront les haies, chemins creux & villages, pour voir s'il ne s'y feroit pas caché des Soldats qui auroient échappé à la vigilance de leurs Officiers, ils les arrêteront, & les remettront à leur régiment en arrivant au nouveau camp.

87.

A l'égard des Soldats, Cavaliers, Dragons, Vivandiers, ou Valets, qu'ils arrêteront maraudant, ils les enverront au Prévôt.

88.

S'IL étoit commandé pendant la marche, quelques gardes ou détachemens, les piquets marcheroient en tout ou en partie avec le nombre d'Officiers proportionné, commandé fur le champ parmi les Officiers premiers à marcher; & dans ce cas leur tour feroit cenfé fait, s'ils ne rentroient pas au camp avec leur colonne.

89.

LES bataillons, en arrivant au nouveau camp, s'y mettront en bataille fur le terrein qui leur fera deftiné, ainfi qu'il eft prefcrit au *Titre IX, de l'Etabliffement dans le camp.*

90.

LORSQU'UNE colonne fera dans le cas d'en croifer d'autres en marche, celle qui aura reçu l'ordre du Général pour les traverfer, en fera part aux Officiers généraux qui les commanderont, lefquels feront alors arrêter les leurs, pour que ce mouvement fe faffe avec le plus d'ordre & de célérité poffibles.

91.

MAIS quand cela arrivera par quelque hafard ou défectuofité dans la marche, les colonnes ne fe couperont jamais, & celle qui fe trouvera croifée fera halte, jufqu'à ce que

135

toutes les troupes qui compofent l'autre, aient achevé de

défiler.

Les troupes de la colonne qui aura fait halte, paſſeront avant les menus équipages de la première, enſuite les menus de la ſeconde, & ſucceſſivement les gros équipages dans le même ordre.

Il en ſera uſé de même par les brigades & régimens.

92.

QUAND deux brigades ou régimens ſe rencontreront en route, ils ſe cèderont réciproquement la droite, ſi le terrein permet qu'ils continuent à marcher; ſinon la brigade ou régiment de Cavalerie & de Dragons feront halte pour laiſſer paſſer l'Infanterie, & les Dragons pour laiſſer paſſer la Cavalerie. Si ces brigades & régimens étoient de même corps, le plus ancien paſſeroit le premier. Les régimens en marche ne ſe rendront aucun honneur, ſeulement les Soldats ſans s'arrêter aligneront leurs rangs & porteront leurs armes, & les Cavaliers & Dragons aligneront leurs rangs; les Tambours des piquets battront *aux champs*, & les Trompettes ſonneront.

Les détachemens en uſeront de même entr'eux, comme il vient d'être dit pour les colonnes, brigades & régimens.

93.

LORSQUE les troupes croiſeront une colonne d'équipages, elles la feront arrêter pour les laiſſer paſſer; les Commandans de ces troupes ne le feront cependant qu'autant qu'il ne leur ſeroit pas poſſible de trouver un autre chemin.

94.

IL ſera commandé tous les jours de marche, une garde de ſix eſcouades pour marcher à la tête des gros équipages de chaque colonne. Lorſqu'elle ſera à portée du nouveau camp, elle ſe placera au débouché de la colonne, & arrêtera toutes les voitures défendues, & les fera conduire au quartier général en en rendant compte au Major général, qui, après avoir vérifié la contravention, les fera vendre au profit du détachement qui les aura arrêtées, ainsi qu'il sera expliqué plus amplement au *Titre XXVII*.

TITRE XXVI.
Instruction pour les jours de combat.

QUOIQUE les troupes doivent, pendant toute la campagne, être prêtes à combattre à tout moment si l'ennemi se présentoit, & que leurs armes doivent toujours être tenues dans le meilleur état ; cependant lorsqu'on prévoira une action prochaine, les Officiers supérieurs & particuliers donneront à ces objets une attention encore plus grande.

Ils feront l'inspection la plus exacte des armes, ils les feront garnir de pierres neuves, ils auront soin qu'elles soient bien placées & assurées, que les Soldats en aient au moins deux de rechange, & que les gibernes soient complétées en cartouches.

Les Officiers généraux observeront, autant que cela se pourra, de ménager les troupes dans les mouvemens qui précéderont une action ; des troupes fraîches étant plus propres au combat que celles qui sont harassées.

Ils feront en sorte de les faire repaître avant le combat, afin qu'elles soient plus en état de soutenir les fatigues de la journée.

Les inconvéniens qui résultent de l'usage où l'on est de faire mettre bas les havre-sacs avant une affaire, devant le faire proscrire, on ne fera jamais quitter les havre-sacs pour combattre ; la forme de ceux qui sont ordonnés, & la manière de les porter laissant au Soldat toute facilité de manœuvrer, & de se servir de ses armes. Si cependant on avoit quelque attaque à faire dans des pays de montagnes, ou autres lieux difficiles, & qu'il fût nécessaire de soulager les troupes, les Officiers généraux donneroient alors l'ordre de mettre bas les havre-sacs.

Des

Des troupes inftruites de ce qu'on exige d'elles, étant plus en état de le bien exécuter; le Général fera connoître clairement fon projet & fes difpofitions aux Officiers généraux; ceux-ci en feront part aux Officiers fupérieurs pour qu'ils puiffent inftruire les Officiers fubalternes, & ceux-ci les bas Officiers & Soldats, chaque grade en ce qui peut le concerner.

L'expérience ayant prouvé que les plus braves troupes font étonnées d'être attaquées lorfqu'elles ne s'y attendent point, les Officiers généraux & fupérieurs préviendront toujours les troupes à leurs ordres, de la proximité de l'ennemi; ils leur expliqueront fi elles font deftinées à l'attaquer, ou fi elles doivent l'attendre dans leurs poftes; dans le premier cas, ils les inftruiront des difpofitions néceffaires pour cette attaque, du point où elles doivent fe diriger, de celui où elles doivent s'arrêter après avoir forcé l'ennemi, & de l'efpèce & la quantité de troupes qui doivent le fuivre lorfqu'il fera rompu, ainfi que du lieu où elles devront fe retirer, fi elles étoient obligées de plier. Dans le fecond, ils feront connoître aux troupes la bonté de leur pofte, l'avantage qu'il leur donne pour repouffer l'ennemi, la manière de s'y défendre, & de le rechaffer s'il avoit percé par quelque point, enfin le lieu de leur retraite, & la manière de la faire fi elles y étoient forcées.

Tout cela doit être dit clairement & en peu de paroles; évitant également de donner ce qu'il y a à faire, pour trop aifé, ou comme trop difficile; & de marquer trop de mépris ou trop de crainte de l'ennemi.

Lorfqu'on a fait envifager aux troupes qui doivent faire une attaque, que dès qu'elles fe préfenteront, l'ennemi abandonnera fon pofte, il en réfulte fi elles y trouvent de la réfiftance, qu'elles fe perfuadent qu'il a reçu un renfort, ou que les Généraux n'ont pas connu le pofte qu'ils leur ont fait attaquer, ni bien jugé des difficultés qu'ils doivent rencontrer; réflexions juftes & dont la conféquence eft faite pour les intimider.

M m

Il en eſt de même lorſqu'on attend l'ennemi dans un poſte.

Si on a aſſuré les troupes que les premières décharges l'arrêteront, & qu'elles voient au contraire que malgré leur feu
il continue de marcher, & pénètre même dans quelque
partie, le déſordre & l'effroi s'enſuivent immanquablement.

Les Officiers généraux & ſupérieurs ne diſſimuleront donc
pas aux troupes à leurs ordres, la réſiſtance qu'elles pourront
éprouver, ou les efforts qu'elles auront à ſoutenir; leur faiſant
bien ſentir que dans tous les cas, le ſuccès dépend du ſilence
& de l'ordre qu'elles conſerveront pendant l'action, de leur
exactitude à obéir à leurs Officiers, & ſur-tout de leur fermeté,
& de leur courage qui doit augmenter à proportion de celui
que témoigne l'ennemi.

Rien n'ayant tant de force ſur les hommes que l'exemple
des chefs, les Officiers généraux & ſupérieurs, feront en ſorte
que le leur inſpire l'aſſurance & l'audace aux troupes qu'ils
commandent. C'eſt ſur-tout lorſque les actions ſont les plus
vives, ou qu'elles balancent, qu'il eſt néceſſaire qu'ils ſe
montrent; car il eſt très-différent d'ordonner aux hommes
de marcher au danger, ou de les y conduire.

Comme le ſort des armes eſt toujours incertain, & que
malgré les diſpoſitions les mieux faites, on peut perdre une
bataille, le Général avant de la donner indiquera aux Commandans des diviſions, des ailes, & des réſerves, les points
vers leſquels ils devront ſe retirer; leur rappelant en même-
temps qu'ils ne doivent prendre ce parti qu'à la dernière
extrémité, & leur répétant bien cette maxime, qu'un homme
de guerre ne peut trop ſe graver dans l'eſprit, que *ce ſont
les plus opiniâtres qui gagnent les batailles.*

Les Commandans des réſerves ſeront inſtruits des corps
qu'ils doivent ſoutenir & remplacer dans l'action, & ils ne
perdront pas de vue que ce ſont eux ſur-tout qui peuvent
contribuer au ſuccès de la journée, en chargeant avec vigueur
les troupes ennemies qui auroient pu percer la ligne, ou
en tombant vivement ſur le flanc de celles qui feroient trop
de réſiſtance.

139

Le Général marquera aux Commandans de ces différens corps, le lieu où il se tiendra le plus ordinairement pendant l'action, afin qu'ils puissent lui faire savoir ce qui se passera chacun dans leur partie, & lui demander les nouveaux ordres que les circonstances pourroient exiger.

Quelque actif que puisse être le Général, il est impossible qu'il voie tout le front de l'armée, ni qu'il soit par-tout ; ainsi les ordres généraux une fois donnés, ce sera aux Commandans des ailes, des divisions & des réserves, à agir suivant les circonstances de la maniere la plus propre à procurer la victoire; conséquemment cependant au plan que le Général leur aura tracé, qui doit être toujours la base de leur conduite.

Ils s'attacheront avec soin aux principes suivans, de l'observation desquels dépend le succès de l'action. 1.° Qu'il faut qu'une armée soit bien mise en bataille avec les distances nécessaires, & que les corps de réserves soient bien placés. 2.° Que les divisions voisines l'une de l'autre se prêtent réciproquement secours, & se soutiennent mutuellement. 3.° Que les attaques dans les différens points s'exécutent en même temps, pour diviser l'attention de l'ennemi, & l'empêcher de réunir toutes ses forces dans une même partie. 4.° Que les charges soient vigoureuses, & faites à propos. 5.° Que quelque succès qu'elles aient, on ne s'emporte point trop avant; mais que faisant suivre l'ennemi vivement par quelques troupes détachées, on rallie promptement les corps, & on les remette en bataille pour être en état de résister à la seconde ligne des ennemis; ou de tomber sur les derrières des troupes de leur première ligne qui ne seroient point encore rompues. Cet article regarde encore plus particulièrement les ailes & les corps de cavalerie. 6.° De ne s'en point tenir à une première charge, ou attaque, si elle a été malheureuse, mais de se reformer promptement, & de les renouveler vigoureusement, & autant de fois qu'elles seront nécessaires & possibles. 7.° Enfin lorsque la retraite deviendra la seule ressource, de la faire en bon ordre. Les différens corps voisins se réunissant, l'Infanterie & la Cavalerie se soutenant réciproquement, faifant fouvent face à l'ennemi, & s'arrêtant au lieu marqué par le Général pour le point de retraite.

Pour remplir ces différens objets, les Officiers généraux & fupérieurs feront obferver ce qui fuit:

L'armée fe formera ordinairement fur deux lignes, à trois cents pas de diftance l'une de l'autre; les réferves fe placeront à trois cents pas de la feconde ligne, dans le lieu que le Général leur aura marqué.

Les brigades arrivées fur le terrein qu'elles devront occuper s'y mettront promptement en bataille, & fe tiendront bien alignées fur leur droite ou fur leur gauche, fuivant l'ordre qui leur en fera donné.

Il eft très-important, fur-tout pour la Cavalerie, que les troupes foient bien alignées, fans cela elles fe croiferoient en marchant à l'ennemi, ce qui cauferoit beaucoup de défordre.

On fera placer l'Artillerie du parc & des régimens, dans les endroits les plus avantageux pour découvrir & incommoder l'ennemi; on ordonnera aux Officiers commandant les différentes batteries, que dès que l'action fera commencée, ils dirigent leur feu fur les troupes plutôt que fur l'Artillerie ennemie, fur-tout lorfque ces troupes paroiffent être des corps d'élite deftinées à une attaque, & qu'elles s'avancent pour la former.

Si au contraire l'objet étoit d'attaquer des villages ou lieux retranchés, on les feroit battre le plus vivement qu'il feroit poffible par les batteries qui en feroient à portée, pour éteindre le feu des ennemis, & principalement celui des parties faillantes, ouvrir les haies ou les retranchemens, & donner aux troupes chargées de les attaquer, plus facilité d'y pénétrer.

Pendant que les lignes fe formeront, & qu'on établira les batteries, les Officiers généraux, pour découvrir les difpofitions, & diminuer l'effet du canon des ennemis, feront marcher en avant du front de la ligne, les compagnies

de

de Chaffeurs, ils les feront placer derrière de petites brouf-
failles, des haies, de petits foffés ou hauteurs, fuivant la
nature du pays; il leur fera preferit de tirer fur les batteries
des ennemis, & de s'attacher à en détruire les Canonniers;
ces Chaffeurs ne fe tiendront point en troupes, pour ne pas
donner prife au canon fur eux, mais ils fe fépareront, profitant
de tout ce qui pourra les mettre à couvert, & fe tenant attentifs
pour fe raffembler très-légèrement au premier fignal de leurs
Officiers.

Les Officiers généraux & fupérieurs, donneront la plus
grande attention à ce que les troupes marchent bien droit
devant elles, fans fe jeter ni à droite ni à gauche, & gardant
bien leurs diftances; ils empêcheront qu'elles ne marchent
trop vîte jufqu'à ce qu'elles foient arrivées à cent pas de
l'ennemi, alors elles redoubleront de vîteffe; mais dès qu'il
fera rompu, elles fe reformeront promptement & reprendront
le pas ordinaire, en obfervant qu'il foit lent & raccourci,
pour rétablir l'ordre plus facilement; les Chaffeurs, foutenus
par les Grenadiers, feront feuls chargés de la pourfuite, en
ayant foin cependant de fe tenir toujours à portée de rejoindre
avec fûrcté leurs bataillons. Dans la Cavalerie, on lâchera
feulement à la fuite de l'ennemi battu, un certain nombre
de Chevaux-légers & de Chaffeurs des mieux montés, qu'on
aura marqués pour cette deftination avant le commencement
de l'action.

Si au contraire on étoit repouffé, & que les troupes fuffent
mifes en défordre, on obferveroit de ne point entreprendre
de les rallier fous un feu vif de l'ennemi, cela étant ordinairement impoffible, & ne fervant qu'à perdre beaucoup
de monde & à redoubler l'effroi du Soldat; mais on les
arrêtera à une diftance où ils foient moins expofés; & après
les avoir reformés, on les mènera reprendre leurs poftes,
ou faire une nouvelle charge.

Les Officiers particuliers, & fur-tout ceux de ferre-file,
veilleront à ce que les files & les rangs de leurs divifions
foient toujours bien alignés & en ordre.

N n

S'il arrivoit qu'en marchant, des efcadrons ou bataillons perdiffent leur direction, & fe ferraffent trop les uns fur les autres, ou que le terrein fe rétrécît, les Officiers généraux ou fupérieurs en uferoient alors ainfi qu'il eft prefcrit dans ce cas par l'Ordonnance des manœuvres de chaque arme.

Lorfque la nature du terrein ou des circonftances, mettra l'Infanterie dans le cas de faire ufage de fon feu, les Officiers fupérieurs des régimens veilleront alors à ce que quelques feux que les troupes exécutent, & fur-tout fi elles étoient à portée d'être chargées par de la Cavalerie, les bataillons ne fe dégarniffent jamais de tout leur feu, & à ce que la vîteffe avec laquelle le Soldat tirera, ne l'empêche pas de bien mettre en joue, & n'occafionne aucun défordre; le filence devant toujours être obfervé, les rangs demeurer alignés & ferrés, & les Soldats prêts à porter leurs armes au premier fignal, & à exécuter les mouvemens qui leur feront ordonnés.

Les troupes feront averties une fois pour toute la campagne, que chaque divifion de l'Artillerie du parc aura à fa fuite, outre les munitions, des pièces de canon des régimens & des cartouches à fufils; ainfi lorfqu'elles fe trouveront dans une action, elles en enverront chercher aux divifions d'Artillerie qui fe trouveront les plus à portée.

On fera auffi prévenir les troupes, avant que l'action commence, des endroits où feront placés les dépôts de l'hôpital ambulant.

Aucun Soldat, Cavalier ou Dragon ne pourra, fous peine de la vie, quitter fon rang pendant l'action, pour dépouiller & fouiller les morts.

Il leur fera auffi défendu de conduire & tranfporter les bleffés pendant le combat.

Auffitôt qu'il fera fini, les Officiers généraux & fupérieurs feront remettre les brigades en bataille, les feront entourer de Sentinelles, auxquelles il fera configné de ne laiffer fortir aucun Soldat, Cavalier ou Dragon, & ils refteront eux-mêmes à la tête de leurs divifions, brigades & régimens, pour les contenir dans l'ordre jusqu'à ce que les tentes foient arrivées & le camp tendu.

Si les troupes couchoient au bivouac, les Officiers généraux demeureroient avec elles, & feroient obferver toutes les précautions de fûreté & de police néceffaires.

Leur premier foin, après l'action, fera de faire commander des Officiers & des Soldats pour tranfporter diligemment les bleffés au dépôt de l'hôpital ambulant, & ils feront raffembler, fi cela eft poffible, pour le même ufage, les payfans & les chariots des villages voifins; ils feront enfuite commander un nombre de Soldats, Cavaliers ou Dragons, par efcouades, conduits par des Officiers, pour aller dépouiller les morts de l'ennemi; le butin fera rapporté au Corps, & partagé par compagnie.

On enverra en même-temps chercher les chevaux des tentes qui auront été envoyés avant l'action dans des endroits fûrs, fous l'efcorte, pour ceux de l'Infanterie, des gardes du camp de leurs bataillons; & pour ceux de la Cavalerie & les Dragons, des Cavaliers ou Dragons démontés, & des furnuméraires, commandés par un Maréchal-des-logis par régiment.

Tous bas Officier, Cavalier, Dragon ou Soldat, qui prendra un drapeau, un étendard ou une pièce de canon, recevra une gratification de Trois cents livres, s'il amène la pièce de canon attelée; il lui fera donné de plus Cent cinquante livres par cheval.

S'il prend un Officier général ennemi, il recevra une gratification fixée par le Général de l'armée, proportionnée au grade du prifonnier & aux circonftances de fa prife.

Si ces bas Officiers, Cavaliers, Dragons ou Soldats, font, par leur conduite précédente ou leur intelligence, fufceptibles du grade d'Officier ou de bas Officier, & en état de le remplir, le Colonel de leur régiment les nommera aux premiers emplois qui viendront à vaquer.

Si plufieurs bas Officiers, Cavaliers ou Dragons prétendent

à la même prife, la difcuffion fera réglée par leur Colonel, s'ils font du même régiment; & s'ils étoient de différens corps, par le Major général ou le Maréchal général des logis de la Cavalerie.

Dans le cas où il n'y auroit pas de preuves fuffifantes pour l'adjuger à un feul, la gratification fera partagée entre ceux dont les prétentions paroîtroient les mieux fondées.

Le lendemain d'une action, les Colonels feront punir les bas Officiers & Soldats qui auroient manqué de courage, & ils informeront l'Officier général, commandant leur divifion, aile ou réferve, des Officiers qui ne fe feroient pas bien comportés; ils lui préfenteront ceux qui fe feront diftingués d'une manière particulière: cet Officier général les conduira lui-même chez le Général, à qui il rendra compte en même temps des Officiers généraux & fupérieurs à fes ordres, dont la conduite auroit pu être répréhenfible ou qui auroient le plus contribué, par leur exemple & leurs manœuvres, au gain de l'affaire, afin de mettre le Général à portée d'en informer fur le champ Sa Majefté.

TITRE XXVII.

Des Équipages des Officiers généraux, de la Police des tables, de l'Ordre de marche des équipages de l'armée & du quartier général, des fonctions des Vaguemeftres généraux & des Vaguemeftres des brigades & régimens.

ARTICLE PREMIER.

LES feuls Officiers généraux & les Chefs des États-majors pourront avoir dans les armées une berline, & un chariot attelé au moins de quatre bons chevaux.

2.

ILS ne pourront avoir à la fuite de leurs équipages,
aucuns

aucuns chariots de boulangers, de vivandiers ou de bouchers, à moins qu'ils ne commandent des corps séparés, en ce cas il leur fera accordé par le Général les permiſſions relatives à leurs befoins.

3.

L'ÉQUIPAGE des Lieutenans généraux, confiſtera en quarante chevaux, & ceux des Maréchaux-de-camp à trente. Dans ce nombre feront compris les attelages des voitures qui leur font ci-deſſus permiſes.

Les Lieutenants généraux ne pourront avoir que deux Aides-de-camp, & les Maréchaux-de-camp un ſeul : les chevaux de ces Aides-de-camp feront compris dans ceux qui font permis ci-deſſus aux Officiers généraux ; & il ne fera à ce titre accordé aucun ſupplément de fourrages dans les diſtributions de l'armée.

4.

LES chaifes à l'Italienne à deux roues, feront permiſes feulement aux Officiers & Chirurgiens-majors, auxquels elles font accordées au Titre premier, ainſi qu'aux Aides des États-majors généraux & aux Commiſſaires des guerres.

5.

TOUTES autres voitures à deux roues, quelque nom qu'on puiſſe leur donner, feront généralement défendues dans les armées ; & il n'y fera permis que des chariots à quatre roues, & à timon, tirés par quatre bons chevaux attelés deux à deux.

Tous les chevaux de voitures, généralement, foit de l'Artillerie, des vivres, des vivandiers, ou des équipages, feront cramponnés devant & derrière pendant toute la campagne. Le Commandant de l'Artillerie, le Général des vivres, les Commandans des corps & le Prévôt, feront reſponfables, chacun dans leur partie, de l'exécution de cet ordre.

6.

LES Officiers généraux feront mettre leurs armes ou leurs noms à leurs berlines ; & fur toutes les autres voitures, il

O o

fera écrit le nom du maître à qui elle appartient, & celui du régiment : & fur celles des vivandiers du quartier général, le nom du Vivandier & le numéro qui leur aura été donné par le Prévôt lorfqu'il s'y fera fait enregiftrer.

7.

LES Lieutenans généraux ne pourront avoir plus de vingt couverts. Les Maréchaux-de-camp, douze ; les Colonels, Brigadiers, ou les Brigadiers-commandans de brigades, dix ; & les Colonels huit : les jours de marche & d'arrivée dans le camp, il fera permis un plus grand nombre de couverts à titre de halte ; mais il ne fera fervi à ces haltes, qu'un feul fervice compofé de groffes viandes & viandes froides.

Toute efpece de vaiffelle d'argent, à l'exception des fourchettes, cuilliers & autres effets de menue argenterie, connue vulgairement fous la dénomination de *petite oie*, fera défendue. L'ufage de toute efpèce de porcelaine fera également profcrit.

Les tables des Officiers généraux & autres de quelques grades qu'ils foient, ne pourront être fervies que d'une chère, fimple & militaire, fans aucune recherche de luxe. On n'y pourra faire ufage ni de criftaux, ni de fruits montés. Sa Majefté charge expreffément les Officiers généraux de fes armées, de tenir la main à l'exécution de cet article.

8.

TOUS les Vaguemeftres des brigades & des régimens, viendront fe faire infcrire chez le Vaguemeftre général, le jour de leur arrivée au premier camp, & il en dreffera un contrôle, & ce fera fur fes certificats vifés du Maréchal général des logis de l'armée qu'ils feront payés ; favoir, les Vaguemeftres des brigades à raifon de trois livres, & ceux des régimens, de vingt fous par jour de marche.

9.

LORSQUE l'on renverra les équipages fur les derrières, tous les Vaguemeftres des brigades recevront tous les jours les ordres du Vaguemeftre général, pour le rang qu'ils doivent

occuper dans leurs marches pour les rendez-vous où ils
devront s'affembler & l'heure du départ, & ils les donneront
aux Vaguemeftres des régimens de leur brigade.

10.

HORS ces cas, le Vaguemeftre général fera feulement
chargé de la conduite des équipages du quartier général &
des Vivandiers qui y feront attachés. Le Maréchal général
des logis de l'armée lui fera remettre les jours de marche,
l'ordre dans lequel ils devront marcher, & le lieu où ils
s'affembleront. Il aura foin d'en inftruire les Domeftiques
des Officiers généraux & autres attachés au quartier général,
& d'en faire part au Prévôt de l'armée pour qu'il y faffe
trouver les Vivandiers.

11.

LE Vaguemeftre général fe rendra au rendez-vous, avant
l'heure où les équipages devront s'y affembler, & à mefure
qu'ils y arriveront il les placera chacun dans le rang marqué
ci-après.

Les menus équipages du Général, des Princes du Sang,
fuivant leur rang.

De l'Intendant :

Du Tréforier :

Du Maréchal-général-des-logis de l'armée :

Du Major général :

Du Maréchal-général-des-logis de la Cavalerie :

Des Officiers généraux attachés au quartier général :

Du Munitionnaire général des vivres, & de l'Entrepreneur
ou Régiffeur général de la viande :

Des Aides des trois États-majors, fuivant l'ordre marqué
ci-deffus pour leurs Chefs :

Des Brigadiers, Colonels & Meftres-de-camp, à la fuite
du quartier général :

Des Commiffaires des guerres :

Des Volontaires-étrangers, & autres perfonnes attachées
au quartier général :

Les Vivandiers, qui n'auront que des chevaux de bât, &
dont le nombre fera réglé par le Major général :

12.

LES gros équipages marcheront à la suite des menus & dans le même ordre, excepté que les voitures du Tréfor de l'armée, & celles du Tréfor des vivres en auront la tête, & précèderont celles du Général de l'armée, qui feront suivies des voitures de la poste.

Les chariots du pays, chargés de fourrages, & attachés à l'Intendance, marcheront après les chariots des Vivandiers.

L'hôpital ambulant recevra tous les jours de marche, un ordre particulier pour la colonne où il devra marcher, & le rang qu'il devra y tenir.

13.

TOUTES les fois que l'armée marchera, il sera commandé une compagnie de Grenadiers ou une de Chasseurs, pour se rendre, aussitôt *la générale* battue, au logis du Tréforier, & y relever l'Officier qui le gardoit : cette compagnie l'escortera pendant toute la marche & jusqu'à son nouveau logis, & ne le quittera point jusqu'à ce qu'elle ait été relevée par la nouvelle garde du Tréfor, & que les gardes du quartier général ne soient posées; le Capitaine qui la commandera, en prendra un certificat du Tréforier, qu'il remettra au Major général.

14.

COMME le Tréfor des vivres marchera avec le Tréfor de l'armée, le Capitaine commandant les Grenadiers ou Chasseurs, veillera également à fa sûreté.

15.

LA garde de la Cavalerie du quartier général, marchera avec le Tréfor, & donnera main-forte au Vaguemestre général ou à ses Aides, pour maintenir la police & l'ordre dans la marche.

16.

IL marchera outre cela avec les équipages du quartier général, un détachement de Cavaliers & de Caporaux de la Prévôté.

17.

149

17.

LE Général de l'armée, les Princes du Sang & Légitimés de France, & les Maréchaux de France, feront refter pendant la marche, avec leurs équipages, leurs gardes entières ou un détachement, ainfi qu'il leur plaira de l'ordonner.

18.

LA garde de l'Intendant, demeurera auffi avec fon équipage pour la fûreté de fes papiers.

19.

NUL autre Officier, de quelque grade qu'il foit, ne donnera aucune efcorte armée à fon équipage, & toutes les gardes des Officiers généraux & autres, rentreront à l'affemblée dans leurs régimens; s'il y étoit contrevenu, le Major du régiment dont fera l'efcorte, en rendra compte au Major général, & le Vaguemeftre général au Maréchal général des logis de l'armée, qui feront tenus l'un & l'autre d'en inftruire le Général.

20.

LES Officiers généraux pourront cependant garder avec leurs équipages, deux hommes de leurs anciennes gardes, dont, à l'arrivée au camp, l'un reftera au nouveau logement pour le garder, & l'autre ira au camp chercher la nouvelle garde.

21.

' LE Vaguemeftre général conduira les équipages pendant la marche, les faifant fuivre exactement les guides qui leur feront donnés, & empêchant qu'ils ne les devancent.

22.

IL fera arrêter les Valets, Vivandiers, &c. qui voudront paffer devant leur rang.

23.

LE Vaguemeftre général fera arrêter toutes les voitures appartenantes à des perfonnes auxquelles elles ne font point permifes; toutes celles excédant le nombre permis, ou d'une

Pp

espèce différente; tous les chariots des payfans, lorfqu'il n'y aura pas une permiffion par écrit de s'en fervir, donnée par l'Intendant, fi c'eft à des perfonnes attachées au quartier général, ou par le Major général, ou le Maréchal général des logis de la Cavalerie, fi elles font de ces corps; & enfin tous les Vivandiers fans numéro, & qui n'auront point été enregiftrés par le Prévôt.

24.

IL fera conduire ces voitures, en arrivant au quartier général, par la garde de Cavalerie, chez le Prévôt, qui, après avoir pris les ordres du Major général, les fera vendre, & en diftribuera l'argent aux Cavaliers de cette garde & à ceux de la Prévôté.

25.

IL veillera à ce que chaque Vaguemeftre particulier, faffe fon devoir, & à ce que les ordres donnés, foient ponctuellement exécutés.

26.

LES Valets fe tiendront, dans les marches, à l'équipage de leurs maîtres, & les Vivandiers dans le rang de leur numéro, fans s'écarter ni à droite ni à gauche.

27.

LES équipages du quartier général, qui feront arrêtés pour quelque caufe que ce foit, ne pourront reprendre la file qu'à la fuite de tous ceux des Officiers du même grade que leurs maîtres, & les Vivandiers à la fuite des Vivandiers du quartier général.

28.

A l'égard des équipages des troupes, ceux qui fe feront arrêtés ne pourront reprendre la file qu'à la queue des équipages de leurs bataillons, de leurs efcadrons, de leurs régimens ou de leurs brigades; & fi ceux de leurs brigades étoient paffés avant qu'ils fuffent en état de marcher, ils feront obligés d'attendre que tous les équipages de la colonne aient filé pour en prendre la queue.

151

29.

Aucun Charretier ni Conducteur de bagages, ne coupera ni devancera celui qui le précèdera, à moins que celui-ci ne puisse pas suivre la colonne.

30.

Le Vaguemestre général & les Vaguemestres des régimens & des brigades, feront arrêter tous les Valets & Vivandiers qui contreviendront à ce qui est prescrit dans les quatre articles ci-dessus, & ils les feront conduire au Major général s'ils sont du quartier général, ou au Major de leur brigade ou régiment, pour être punis par leurs ordres par les Caporaux de la Prévôté.

31.

Les jours que l'armée décampera, les Vaguemestres des brigades recevront l'ordre, pour la marche, des Majors de leurs brigades, & ils le donneront ensuite aux Vaguemestres des régimens qui le donneront aux Valets des Officiers.

32.

Les Vaguemestres des régimens en feront charger & atteler les équipages à l'heure marquée, & ils les conduiront au rendez-vous indiqué.

33.

Ils ne souffriront point qu'aucun bagage se mette en marche que le Vaguemestre de la brigade ne soit venu l'ordonner, & ils feront arrêter tout conducteur d'équipages qui sera parti avant l'heure prescrite.

34.

Le Vaguemestre de la première brigade de la division ou de l'aile, y fera les fonctions de Vaguemestre général; & il fera marcher les équipages de chaque brigade, suivant l'ordre qu'elles y tiendront, les faisant précéder par ceux des Officiers généraux qui y seront attachés.

35.

Les Vaguemestres des brigades feront mettre en marche

les équipages de chaque régiment, suivant le rang que ledit
régiment tiendra dans la brigade; l'équipage du Brigadier
marchera à la tête.

TIT. XXVII.

36.

IL en sera usé de même par les Vaguemestres des régimens, pour les équipages des bataillons ou des escadrons
qui les composent; les équipages des Colonels & Mestres-
de-camp marcheront à la tête de ceux de leur régiment.

37.

LES menus équipages précèderont toujours les gros, ainsi
qu'il a été expliqué précédemment pour ceux du quartier
général, *article XI.*

38.

LES Vaguemestres des brigades & des régimens, observeront chacun, pour la conduite & la police des équipages
dont ils seront chargés, ce qui est prescrit ci-dessus pour le
Vaguemestre général.

TITRE XXVIII.

De la Discipline & Police dans les Armées.

ARTICLE PREMIER.

UN régiment ne prendra jamais les armes dans les armées
que pour l'exercice, sans la permission du Commandant de
l'armée, à moins que cela ne lui soit ordonné sur le champ
par un Officier général.

2.

AUCUN Officier ne pourra s'absenter de l'armée, ni même
en découcher, sans la permission par écrit du Commandant
de l'armée, & on s'adressera au Major général pour avoir cette
permission.

3.

LES Officiers ne pourront de même, sans la permission
du Général, profiter des congés qu'ils obtiendront.

4. AUCUN

153

4.

AUCUN Officier ne pourra fe fervir des voitures & chevaux du pays, fous peine de prifon.

5.

S'IL s'en trouve qui par des malheurs arrivés à leurs équipages, aient befoin de ce fecours, ils s'adrefferont au Major général qui le leur procurera.

6.

A cet effet il y aura toujours à la fuite du quartier général, un parc de voitures raffemblées par les ordres de l'Intendant de l'armée, & auquel fera prépofé un Commiffaire des guerres pour en faire le détail.

7.

LE Major général procurera aux Officiers qui en auront befoin, une permiffion par écrit & limitée pour prendre audit parc des chariots, qu'ils payeront à raifon de vingt-cinq fous par jour par chaque cheval pendant le temps qu'ils les emploîront.

Ils feront tenus en outre de nourrir les conducteurs defdits chariots, & de pourvoir à la fubfiftance de leurs chevaux.

8.

AU terme expiré de la permiffion, les Officiers feront tenus de les renvoyer au Parc, & retireront les reçus qu'ils auront donnés au Commiffaire des guerres chargé de ce détail; faute de quoi, fur la plainte des Payfans, ils payeront le prix des chevaux & des chariots.

9.

LA chaffe fera généralement défendue à tout ce qui compofera l'armée, tant au camp, que dans les quartiers & cantonnemens. Les Officiers qui feront convaincus d'y avoir été, feront envoyés en prifon pour trois mois; & les Soldats, Valets & Vivandiers feront punis par les Caporaux de la Prévôté.

Q q

10.

IL fera pareillement défendu, fous la même peine, de pêcher, de couper des arbres fruitiers ou de décoration, d'arracher les jalons qui marqueront les chemins des colonnes, d'enlever aucune haie, paliffade ou poteau, & de prendre aucun bois neuf ou vieux façonné.

11.

IL ne pourra être établi dans le camp, ou aux environs, aucuns jeux de hafard, fous quelque nom qu'ils puiffent être défignés ; à peine pour ceux qui donneront à jouer, d'un an de prifon, & de quatre mois pour les Officiers qui auront joué : Sa Majefté en rendant les Commandans des Corps refponfables.

12.

LES Officiers & Sergens de piquet, vifiteront de temps en temps les lieux où les Soldats pourroient tenir des jeux dans le voifinage du camp, & ils y enverront des patrouilles pour les arrêter.

13.

SA MAJESTÉ payera la rançon des Officiers & Soldats qui feront faits prifonniers dans les actions de guerre ; mais à l'égard de ceux qui auront été pris dans toute autre circonf-tance où il y aura de leur faute, les Officiers payeront leur rançon, & feront envoyés en prifon à leur retour, & celle des Soldats feront payées par leur Capitaine.

14.

DANS les vingt-quatre heures de la prife d'un Soldat, ou de la rentrée d'un détachement dans lequel il aura été pris, le Capitaine fera tenu d'en rendre compte au Major du régiment; & celui-ci en fera part auffitôt au Major général.

15.

LE Major général tiendra un état par régiment & par com-pagnie, des Officiers d'Infanterie, & des Soldats qui auront été faits prifonniers de guerre, fpécifiant les occafions où ils auront

¹⁵⁵

été pris, afin d'y avoir recours lorſqu'il s'agira de conſtater
par qui la rançon devra être payée.

16.

AUCUN Officier ne pourra engager un déſerteur venant
de l'ennemi qu'après que le Major général lui en aura fait
obtenir la permiſſion du Général de l'armée.

Il ne ſera pareillement point permis d'acheter ſes armes,
ni aucune partie de ſon équipement.

17.

TOUS les chevaux des déſerteurs ennemis ſeront conduits,
tout équipés au Général, &, s'ils ſont jugés propres au ſervice,
achetés pour le compte de Sa Majeſté, & payés auxdits déſerteurs à raiſon de cent livres par cheval de Cavalier avec la
ſelle & la bride; de ſoixante livres par cheval de Dragon; &
de cinquante livres par cheval de Huſſard. Voulant Sa Majeſté
que ſes Généraux en diſpoſent enſuite pour les régimens qui
ſeront les plus affoiblis.

18.

SI au contraire leſdits chevaux ne ſont pas jugés propres
au ſervice de Sa Majeſté, on laiſſera aux déſerteurs la liberté
de les vendre de gré à gré à qui bon leur ſemblera, ſans que
qui que ce ſoit puiſſe les taxer, ou en diſpoſer en faveur de
perſonne.

Les armes, gibernes, ceintures & bandoulières des déſerteurs
ſeront remiſes au Prévôt de l'armée, & par lui au Commandant
de l'Artillerie; il en ſera tenu un état, & il en tirera un reçu:
il ſera défendu à toutes perſonnes de les acheter.

19.

LES chevaux qui ſeront trouvés ſans maître, ou ſans conducteur dans le camp ou dans les environs, ſeront menés
chez le Prévôt de l'armée qui les rendra à qui ils appartiendront.

20.

ON reſtituera de même, ſans rien payer, ceux qui, ayant
été perdus ou volés, ſeront réclamés par leurs maîtres, quand

même ils auroient été vendus par ceux qui les auroient volés ou trouvés : devant être défendu à qui ce puisse être, d'acheter des chevaux d'autres que d'un Officier connu.

21.

PERSONNE ne pourra enrôler ni engager le Domestique d'un Officier, sans le congé de son maître, non plus qu'aucun Charretier ou autre homme servant dans les équipages de l'Artillerie & des Vivres, s'il n'est porteur d'un congé en bonne forme, à peine de nullité de l'engagement, & de perdre ce qui aura été donné au Domestique, &c.

22.

LES Officiers pourront reprendre leurs Valets par-tout où ils les trouveront ; & les Valets qui les quitteront sans en avoir fait connoître les raisons aux Commandans des corps, feront punis suivant la rigueur des Ordonnances.

23.

TOUT Valet qui, étant sorti de condition, voudra se retirer de l'armée, sera obligé de prendre un congé du Prévôt, qui lui servira de passeport.

24.

IL sera défendu à toutes personnes, d'aller au-devant de ceux qui apporteront des vivres au camp, de leur faire aucun tort ou violence, ni d'en tirer aucune rétribution ; à peine aux Soldats, Valets, Vivandiers & autres qui contreviendront à ces défenses, d'être envoyés au Prévôt, où ils feront punis par les Caporaux de la Prévôté.

25.

IL leur sera défendu, sous la même peine, de donner aucun empêchement aux moulins, bâtardeaux ou écluses, dans les environs du camp.

26.

QUI que ce soit qui sera trouvé chargé de hardes & d'ustensiles, pris en maraude, sera envoyé au Prévôt, & jugé comme voleur suivant la rigueur des Ordonnances.

27.

LES Majors ne souffriront point qu'aucun autre Vivandier
que ceux de leur régiment, s'établissent dans le terrein qu'il
occupera.

28.

NUL Soldat ne pourra rien vendre que dans le camp de
son régiment seulement, & avec une permission par écrit
du Major, laquelle permission ne s'étendra pas au-delà du
débit de sel, tabac, pipes, fil, éguilles, chandelles, papier,
plumes, encre & eau-de-vie de vin seulement; le surplus ne
pouvant être vendu que chez les Vivandiers des régimens
& ceux du quartier général.

29.

ON ne souffrira point à la suite des corps, des gens sans
aveu; & s'il s'y en trouve, ils seront envoyés au Prévôt.

30.

LORSQU'ON enverra au Prévôt un Soldat, Valet, Vivandier
ou autre, le Major du régiment qui l'enverra, marquera sur
un billet, le sujet pour lequel il y sera conduit, n'étant
permis à aucun Officier particulier d'y envoyer directement.

31.

IL sera défendu à tous Employés, Vivandiers & autres
gens à la suite de l'armée, d'être vêtus de bleu; cette couleur
n'étant permise qu'à ceux qui y seront autorisés par leur
uniforme.

Les Valets qui en seront habillés, porteront des galons
de livrée.

32.

TOUS les Commis des vivres, de la viande, des hôpitaux
& des fourrages, seront tenus de porter des cocardes des
couleurs qui leur seront prescrites par le Général de l'armée.

33.

LA discipline de l'armée exigeant qu'il y ait une peine
afflictive pour contenir les Valets, Vivandiers & autres gens

R r

qui les fuivent; il fera établi, à la fuite de la Prévôté, des Caporaux pour punir ceux qui manqueront aux ordres donnés.

34.

LE nombre de ces Caporaux, fera proportionné à la force de l'armée; ils feront vêtus & coiffés uniformément, & de manière qu'on puiffe les reconnoître & les voir de loin.

Ils feront auffi tous montés, afin de pouvoir fuivre les détachemens de la Prévôté, les jours de marche & de fourrage.

35.

TOUS Valets, Vivandiers & autres fuivant l'armée, qui feront trouvés en contravention aux ordres établis, feront conduits au Prévôt, & punis au milieu du quartier général, par les fufdits Caporaux.

36.

AUCUN détachement de la Prévôté, ne pourra faire punir fur le champ les contrevenans, à moins qu'il ne lui en foit donné ordre par un Officier général fupérieur, ou de l'État-major de l'Infanterie; fans cela, il fera tenu de les mener au Prévôt général, pour que celui-ci puiffe ordonner de leur punition.

37.

TOUT Soldat contrevenant à la difcipline de l'armée & faifant du défordre, ne pouvant plus être regardé que comme un homme incapable d'être conduit par l'honneur, fubira le même genre de punition à la tête de fa brigade, fuivant l'ordre qu'en donnera le Major général, d'après le compte qui lui en aura été rendu par l'Officier de la garde qui l'aura arrêté, ou par le Prévôt s'il a été pris par un détachement de la Prévôté.

38.

LORSQUE des Soldats, Cavaliers, Dragons ou Valets auront été arrêtés contrevenans aux ordres, par des gardes, autres que celles de leurs régimens, ou par des détachemens de la Prévôté; il fera payé par le Capitaine ou Maître à qui ils appartiendront, fix livres par chaque homme qui fera puni par les Caporaux de la Prévôté.

Mais quand ce fera les gardes du même régiment qui les auront arrêtés ou qu'ils auront été envoyés au Prévôt par le Major, il ne fera rien payé; & le Soldat, Cavalier, Dragon ou Valet, fera feulement puni ainfi qu'il a été dit ci-deffus.

39.

LORSQUE les régimens auront befoin de Caporaux de la Prévôté, pour la punition de leurs Soldats, ils les enverront chercher chez le Prévôt par une efcorte, & les feront ramener de même.

40.

NE dérogeant point au furplus cette punition établie, aux peines portées par les Ordonnances, & notamment par l'Ordonnance des crimes & délits militaires, qui fera exécutée dans toute fa teneur lorfque le cas y écherra.

TITRE XXIX.

De la Prévôté & de la Police du Quartier général.

ARTICLE PREMIER.

LE Prévôt de l'armée & les détachemens à fes ordres, veilleront à la police & au bon ordre.

2.

IL fera lui-même aux ordres du Major général, & il aura fous lui toute infpection & autorité fur les Vivandiers, Marchands & autres à la fuite du quartier général. Aucun ne pourra fuivre l'armée fans fa permiffion, & fans être infcrit & numéroté chez lui.

3.

AVANT que l'armée entre en campagne, il veillera à ce qu'il y ait à la fuite du quartier général, un nombre fuffifant de Vivandiers, Bouchers, Boulangers, Marchands de vin, Armuriers & Artifans de toute efpèce, & il leur donnera toute protection & fûreté néceffaires.

4.

II. éloignera de l'armée tous gens sans aveu, suspects ou inutiles, devant être informé par ses Cavaliers ou autres qu'il préposera à cet effet, du commerce d'un chacun.

5.

Il fera, avant d'entrer en campagne, la revue de tous les équipages des Vivandiers, ayant spécialement soin qu'ils n'aient que des voitures à quatre roues, attelées de quatre bons chevaux ou des chevaux de bâts.

Il fera numéroter toutes les voitures, & écrire en outre dessus, en gros caractères, le nom des Vivandiers auxquels elles appartiendront.

6.

Il en donnera un état signé de lui au Vaguemestre général de l'armée, afin que sur cet état, il puisse leur être donné les fourrages nécessaires, & leur faire prendre leurs rangs dans les marches, & pour qu'il puisse connoître & faire arrêter tous les Vivandiers & leurs voitures qui n'auroient pas été inscrites chez le Prévôt.

7.

Il tiendra un contrôle exact de tous les Vivandiers, Marchands & autres à qui il aura permis de suivre l'armée. Sur ce contrôle, seront marqués leurs noms, leurs numéros, leur profession ou commerce, le nombre de leurs Domestiques, & celui de leurs chevaux & voitures.

8.

Il sera ordonné à tous Vivandiers & Marchands de vin, de ne vendre aucune eau-de-vie de grain.

9.

Ils seront tenus d'être toujours pourvus de vinaigre pour en fournir aux troupes. Le prix de ce vinaigre sera taxé au commencement de la campagne, & ne variera plus jusqu'à la fin.

161

10.

LORSQU'IL y aura des corps ou réserves détachés de l'armée, le Prévôt y enverra le nombre de Vivandiers qui lui fera prescrit par le Major général; & à cet effet ils feront tous commandés, chacun à leur tour, pour y marcher.

11.

LE Prévôt de l'armée fournira tous les détachemens qui lui feront commandés par le Major général & le Maréchal général des logis de la Cavalerie, pour marcher avec les colonnes des troupes, des équipages & des fourrageurs.

12.

IL fera faire de fréquentes patrouilles dans l'arrondissement du camp, pour veiller au bon ordre & empêcher la maraude.

13.

LES Commandans des corps, les gardes du quartier général & tous les postes de l'armée, prêteront main-forte aux détachemens de la Prévôté lorsqu'ils en feront requis.

14.

LORSQUE pour assurer de plus en plus la police dans l'armée, il fera ordonné des amendes pour les contrevenans, le Prévôt en tiendra un registre exact, & en rendra compte tous les mois au Major général, pour qu'il soit fait de ces fonds l'usage que le Général jugera à propos d'ordonner.

15.

LE grand nombre de Prisonniers détenus à la Prévôté, étant à charge à l'armée par les gardes qu'il exige; tous Cavaliers, Soldats, Valets, Vivandiers & autres qui y feront conduits, feront punis sur le champ, s'ils le méritent, sinon renvoyés d'après l'ordre qu'en donnera le Major général, sur le compte qui lui en aura été rendu par le Prévôt.

16.

IL ne restera aux prisons de la Prévôté que les criminels à juger pour des cas prévôtaux, & même si leur procédure traîne en longueur, les fusdits criminels seront renvoyés dans les prisons des places sur les derrières de l'armée.

17.

Il sera nommé par le Général de l'armée, un Officier pour faire les fonctions de Lieutenant de Roi ou de Major du quartier général.

18.

Cet Officier y sera chargé, sous l'inspection du Major général, de toute la police & discipline relativement aux Troupes.

19.

Il placera les gardes du quartier général, leur donnera les consignes, l'ordre de marche, & les emploiera à maintenir le bon ordre.

20.

Il aura chez lui une ordonnance de chacune de ces gardes.

21.

Il vérifiera journellement si les Soldats sont conduits en règle au quartier général, & ramenés de même au camp; & il rendra compte au Major général, des régimens qui auront manqué sur cet objet à l'ordre prescrit.

22.

Pour maintenir plus parfaitement le bon ordre & la police dans le quartier général, chaque brigade y enverra tous les matins un Sergent de planton qui y sera aux ordres du Major du quartier général.

23.

Ces Sergens arrêteront les Soldats de leur brigade qui ne se feront pas trouvés aux rendez-vous qui leur auront été donnés par leurs Officiers, ils prendront leurs noms, & en rendront compte chaque soir en rentrant au camp aux Majors de leurs régimens, afin qu'ils soient punis.

24.

Il sera de plus donné ordre à tous les postes du quartier

163

général, d'arrêter tous les Soldats, Cavaliers ou Dragons qui
s'y trouveront après les heures prescrites ; ils seront conduits TIT. XXIX.
à la garde de la place, & il en sera rendu compte au Major
général ou au Maréchal général des logis de la Cavalerie,
suivant le corps dont ils seront, pour qu'ils ordonnent de la
punition.

25.

LE Lieutenant de Roi ou Major du quartier général,
recevra directement les ordres du Major général pour l'éta-
blissement des gardes, le déblai des équipages, la destination
des anciennes gardes & le rendez-vous des nouvelles.

26.

LORSQUE l'armée arrivera dans un nouveau camp, il
indiquera le terrein où devront camper les Vivandiers,
Marchands, Artisans & autres à la suite du quartier général,
aucuns d'eux ne pouvant, sous aucun prétexte, tendre de
tentes ni loger dans l'intérieur dudit quartier général.

27.

CET emplacement sera choisi, autant qu'il sera possible,
à l'entrée du quartier général & sur le chemin du camp.

28.

LES tentes des Vivandiers seront alignées & séparées par
de grandes rues, chaque profession y ayant son quartier
particulier.

29.

LES gardes du quartier général y feront de fréquentes
patrouilles, sur-tout pendant la nuit.

30.

LES jours de marche, le Major du quartier général fera
charger & déblayer les équipages à l'heure indiquée, & il
renverra les vieilles gardes, ainsi qu'il sera ordonné.

31.

IL rejoindra ensuite les campemens de l'armée, & lorsque
le nouveau quartier général sera déterminé, il y mènera les
nouvelles gardes.

32.

LES gardes du quartier général, ne prendront les armes que pour le Général de l'armée, les Princes du Sang & Légitimés de France, & les Maréchaux de France.

33.

IL marchera toujours un détachement de la Prévôté à la colonne des équipages du quartier général.

34.

CE détachement veillera à ce qu'il n'y ait dans cette colonne que les Vivandiers, Marchands & autres inscrits chez le Prévôt.

35.

TOUS les Artisans, Vendeurs d'eau-de-vie & autres gens de pied suivant l'armée, marcheront à ladite colonne; & tous ceux d'entr'eux qui se mêleront dans les colonnes des Troupes, feront arrêtés & punis.

36.

IL fera commandé tous les jours, une garde de cinquante Maîtres pour le quartier général; elle fournira au Prévôt de l'armée les escortes qui lui feront par lui demandées.

TITRE XXX.
Des Distributions.

ARTICLE PREMIER.

LES Soldats n'iront jamais à quelque distribution que ce soit, sans être assemblés en ordre, & conduits par des Officiers & bas Officiers armés, & les Fourriers de leur compagnie.

2.

ON commandera toujours un Lieutenant ou Sous-lieutenant par bataillon pour chaque distribution, & les Soldats feront partagés suivant leur nombre en plusieurs divisions, & marcheront dans le même ordre que s'ils étoient sous les armes.

3. ARRIVÉS

165

3.

ARRIVÉS au lieu où la diftribution devra fe faire, l'Officier qui les commandera les mettra en bataille ; la première divifion ira recevoir ce qui devra lui être fourni, après quoi elle reviendra à fon pofte ; la feconde en fera de même, & ainfi des autres.

4.

LE Quartier-maître du régiment, marchera toujours avec les campemens, & fe trouvera à toutes les diftributions, pour les faire faire en règle, & pour en donner des reçus.

5.

SI le Quartier-maître étoit abfent, ou employé à un autre objet, il y feroît fuppléé par des Fourriers, ou fi le Chef du corps le juge à propos par des Officiers fubalternes.

6.

LES Officiers chargés de faire faire les diftributions, ne s'y préfenteront qu'avec un état exact du nombre de rations qu'ils auront à demander pour chaque compagnie.

7.

ILS fe rendront d'abord où le Commis principal tiendra le Bureau, & celui-ci leur donnera des Commis particuliers pour conduire chacun d'eux avec fa troupe.

8.

IL fera fait mention fur les reçus, des quantités qui auront été délivrées à chaque compagnie.

9.

IL fe trouvera à toutes les diftributions faites des magafins de Sa Majefté, un Commiffaire des guerres prépofé par l'Intendant de l'armée, pour régler, de concert avec les Officiers, les difficultés qui pourroient furvenir ; étant très-expreffément défendu à ces Officiers de fe faire juftice eux-mêmes.

10.

S'IL arrive pendant la diftribution, des difficultés que le

T t

Commiſſaire des guerres & les Officiers ne puiſſent pas décider eux-mêmes, le Commiſſaire en rendra compte à l'Intendant, & les Officiers, auſſi-tôt après leur retour au camp, en informeront les Majors de leurs brigades, qui en rendront compte au Major général.

I I.

LORSQU'UNE diſtribution quelconque ſera commencée, elle ne pourra être interrompue par l'arrivée d'un régiment plus ancien que celui auquel ſe fera la diſtribution; mais ſi pluſieurs régimens arrivent en même-temps, on commencera la diſtribution par le plus ancien.

I 2.

L'ÉTAT de chaque diſtribution de pain, viande, fourrages & autres, ſera toujours pris d'avance par compagnie, bataillons & régimens; & l'état général, ſigné du Commandant du corps, ſera remis au Quartier-maître, ou à ſon défaut à l'Officier ou Fourrier chargé de la diſtribution.

I 3.

LES Soldats ſeront conduits à toutes les diſtributions en veſte & en bonnet, tant que la ſaiſon le permettra.

I 4.

LORSQUE l'armée arrivera dans un nouveau camp, le Maréchal général des logis indiquera au Major général les villages où l'Infanterie ſe pourvoira de paille; le Soldat ne devant ſe ſervir des ſeigles & grains qui ſeront ſur pied, que quand on ne pourra faire autrement.

I 5.

IL ſera réglé la quantité de bottes de paille qui ſera donnée à chaque bataillon.

I 6.

UN Aide-major général avec le Quartier-maître, ou à ſon défaut un des Officiers de campement de chaque brigade, ira raſſembler dans les villages voiſins, la quantité de paille qui ſera néceſſaire, la fera ſortir hors des maiſons; & lorſque les

167

Troupes feront arrivées dans le camp, elles y feront menées
avec des efcortes.

17.

Si l'on eft obligé d'avoir recours aux maifons occupées
par les Officiers généraux, ils en feront prévenus par l'Aide-
major général.

18.

Il fera expreffément défendu aux Officiers qui conduiront
les Soldats à la paille, d'enlever fous ce prétexte aucun
fourrage; & les Brigadiers & Majors de brigades en feront
refponfables.

19.

Dans les camps de féjour, lorfque la paille aura befoin
d'être renouvelée, le Major général donnera de nouveaux
ordres pour qu'il y foit pourvu, & avec les mêmes précautions.

20.

Dans le temps des légumes, les Brigadiers & Commandans
des corps, pourront y envoyer un certain nombre d'hommes
par efcouade, avec une efcorte, toutefois après qu'ils en auront
demandé l'ordre au Major général.

21.

Ils feront reconnoître auparavant le terrein le plus à
portée de leur camp, & ils l'entoureront de fentinelles qui ne
laifferont paffer perfonne au-delà.

22.

Les Soldats ayant eu le temps de raffembler & d'éplucher
les légumes, feront ramenés au camp en ordre, & on
ne fouffrira pas qu'aucun d'eux refte derrière, ni qu'il y
retourne.

23.

Il fera porté la plus grande attention à ce que ces diftributions foient proportionnées aux befoins du Soldat, & à ce
qu'il ne cueille que des légumes mûrs & fains.

24.

LORSQU'IL fera fait à des détachemens des diftributions particulières en pain, viande & fourrages, l'Officier ou bas Officier qui aura donné fon reçu, fera obligé d'en rendre compte à fon retour au camp, afin que le Quartier-maître puifle l'enregiftrer, & connoître fur qui la retenue devra être faite lorfqu'elle fera ordonnée.

25.

IL fe trouvera toujours un Aide-major général aux diftri-butions de l'armée, pour examiner l'efpèce des fournitures, & veiller à ce que tout s'y paffe dans l'ordre prefcrit. Il aura avec lui un détachement & un Caporal de la Prévôté, pour faire punir fur le champ les Soldats ou Valets qui pourroient y manquer.

26.

POUR que les diftributions de pain foient faites plus promptement, & diminuer la fatigue des Troupes; les caiffons des vivres, autant que cela fera poffible, fe diviferont en trois parties, dont l'une fe rendra au centre des deux lignes, derrière le premier régiment d'Infanterie de la droite ; elle fera deftinée à donner le pain à l'aile droite de Cavalerie & à la première divifion d'Infanterie : la feconde partie des caiffons fe placera au centre des deux lignes, entre la feconde & la troifième divifion, & fervira pour les troupes qui les compofent. La troifième partie fera pour celles de la quatrième divifion, & l'aile gauche de Cavalerie.

Pendant la guerre, la ration de pain fera augmentée de quatre onces, en forte qu'elle pèfera vingt-huit onces.

27.

ON aura de même l'attention de faire approcher les caiffons des corps campés en réferve.

28.

LES diftributions de viande fe feront de même dans plufieurs endroits marqués par le Major général, qui affignera l'heure à laquelle elle devra être tuée, afin qu'elle ait le temps

d'être

169

d'être refroidie avant d'être livrée; & il ne permettra jamais, à moins d'une abfolue nécefïité, qu'elle foit livrée chaude, à caufe du déchet qui en réfulte pour le Soldat.

Les Officiers chargés des diftributions dans les régimens, ne pourront plus s'attribuer les langues des bœufs tués, pour les livraifons qui leur feront faites; lefdites langues feront données à tour de rôle à chaque compagnie.

29.

Il fera diftribué aux Troupes, du riz au commencement & à la fin des campagnes, lorfque la terre ne produit plus de légumes; & dans les pays où on n'en cultive point en plein champ, il fera donné du riz pendant toute la campagne. Le Général aura attention d'obliger les Entrepreneurs à le fournir auffi régulièrement que le pain.

TITRE XXXI.
Des Fourrages.

ARTICLE PREMIER.

Il fera défendu, une fois pour toute la campagne, à tout Soldat, Cavalier, Dragon, Vivandier & Valet, à qui qu'il puiffe appartenir, d'aller au fourrage furtivement, & en particulier, foit de jour, foit de nuit. Les Gardes auront ordre de les arrêter. La même chofe fera confignée à toutes les Sentinelles du camp du quartier général : les détachemens de la Prévôté, ainfi que les patrouilles de la Cavalerie qui fe promèneront autour du camp, auront le même ordre.

2.

Ceux qui feront pris en allant ou revenant de ces fourrages clandeftins, feront conduits au Prévôt, qui en rendra compte au Major général, ou au Maréchal général des logis de la Cavalerie, fuivant le corps dont ils feront, & recevra leurs ordres pour les faire punir à la tête de leurs régimens, ou au quartier général par les Caporaux de la Prévôté.

3.

IL sera outre cela payé par le Capitaine ou Commandant de la compagnie dont sera le Soldat, Cavalier ou Dragon, ou par le Maître à qui appartiendra le Valet, ou par le Vivandier, trois livres pour chaque cheval arrêté, avant qu'il lui soit rendu.

4.

CES trois livres seront données au détachement ou garde qui les aura arrêtés.

5.

POUR ôter tout prétexte de chercher à enfreindre la défense d'aller au fourrage sans ordre, l'État-major de l'armée sera exact à faire fournir la subsistance des chevaux, & à indiquer des fourrages lorsque le terme pour lequel on aura ordonné de fourrager sera expiré.

6.

L'ORSQU'IL y aura un fourrage commandé, il sera consigné la veille au soir, aux Sentinelles de chaque bataillon, de ne laisser sortir aucun Domestique ou Vivandier avec des chevaux, sans la permission du Capitaine de piquet.

7.

LES Officiers de piquet monteront à cheval au point du jour, & se promèneront autour du camp de leur brigade, pour voir si les Sentinelles feront leur devoir, & ils en feront mettre d'augmentation s'ils le jugent nécessaire.

8.

SOIT que le fourrage se fasse au verd ou au sec, on règlera le nombre des trousses qui sera donné par bataillon, relativement à l'espèce des fourrages, au nombre des chevaux, ou à la quantité de jours pour lesquels le fourrage sera ordonné. Le nombre des trousses sera spécifié dans les billets envoyés par le Major général pour indiquer le fourrage.

9.

AVANT que les Fourrageurs partent du camp, le Quartier-

171

maître de chaque régiment, comptera les chevaux, & renverra tous ceux qui passeront le nombre ordonné.

1 0.

Il verra en même temps si aucun Valet n'est parti avant
l'heure marquée, & il en rendra compte au Major qui les
fera arrêter au retour.

1 1.

On commandera toujours un Capitaine en second &
deux Lieutenans de corvée par brigade, avec une escorte
d'une escouade de Fusiliers armés par bataillon, pour conduire les Fourrageurs. Le Quartier-maître ou à son défaut
un Porte-drapeau ou Fourrier choisi, y marchera.

1 2.

Ces Officiers rassembleront les Fourrageurs de la brigade
à l'heure ordonnée, & les conduiront au rendez-vous général
de la division, ou, si la brigade fourrageoit particulièrement,
au lieu où elle devra fourrager.

1 3.

Les Fourrageurs marcheront deux à deux, ou quatre
à quatre, ayant leurs faulx armées, jusqu'au lieu indiqué
pour le fourrage.

14.

Les Officiers qui commanderont l'escorte, empêcheront
qu'aucun Valet ne quitte son rang.

1 5.

Ils empêcheront aussi qu'il ne se mêle avec eux aucun
Cavalier, Dragon ou Valet d'un autre régiment.

16.

Les Officiers commandant les escortes, ne pourront
mener avec eux que chacun un Valet monté; leurs autres
Valets devant être compris dans le nombre des Fourrageurs
de leur régiment.

17.

Lorsque les Fourrageurs seront arrivés sur le terrein

où l'on devra fourrager, les Officiers entoureront de Sentinelles celui qui leur fera défigné pour leurs régiment & brigade.

On obfervera de ne donner de terrein à chaque régiment que celui abfolument néceffaire, & plutôt trop petit que trop grand, étant très-aifé de fuppléer à ce qui pourroit manquer; au lieu que lorfque le terrein marqué eft trop grand, il y a toujours néceffairement beaucoup de fourrage gafpillé.

18.

LES Sentinelles placées, les Fourrageurs mettront pied à terre, laifferont leurs chevaux raffemblés en dehors de l'enceinte, pour ne pas gâter le fourrage, & les Faucheurs entreront dans le terrein qui leur fera marqué, & le faucheront fans perdre de temps; obfervant de faucher bas, & fans rien laiffer fur pied.

19.

ILS feront enfuite diligemment leurs trouffes, iront chercher leurs chevaux, & à mefure qu'ils les auront chargés, ils fe mettront en file, & retourneront au camp fans s'attendre les uns les autres, & fans s'écarter du chemin qui leur aura été prefcrit.

20.

LES Officiers d'efcorte empêcheront qu'aucun Fourrageur ne perde de temps à faire & à charger fa trouffe; & ils feront avec les Soldats armés, l'arrière-garde des Fourrageurs de leur régiment ou brigade.

21.

LE Capitaine commandant l'efcorte, aura toujours un Tambour avec lui: il avertira les Fourrageurs de fa brigade, de la batterie au fignal de laquelle ils devront fe raffembler & regagner leurs chevaux. Ils y reviendront auffi, fi le fourrage étoit attaqué; le Capitaine avec l'efcorte, les couvrira & leur prefcrira, fuivant les circonftances, s'ils doivent fe retirer ou achever le fourrage.

22.

173

22.

LORSQUE le fourrage fe fera au fec, il fera envoyé à l'avance des petits détachemens, aux ordres d'un Lieutenant ou Sous-lieutenant par régiment, & d'un Capitaine en fecond par brigade, dans les villages où la divifion devra fourrager.

23.

CES Officiers marqueront un nombre fuffifant de maifons pour chaque brigade, régiment & bataillon.

24.

ILS mettront une Sentinelle à chaque maifon, pour y fervir de fauvegarde pendant le temps du fourrage.

25.

ILS feront numéroter toutes les granges, & les répartiront entre les brigades, régimens & bataillons; & ils feront écrire fur la porte le nom des régimens ou bataillons, & des compagnies de ces bataillons qui devront fourrager dans chacune, afin que chacun puiffe favoir celle qui lui eft deftinée; & qu'en cas de défordre, on puiffe connoître par qui il aura été commis.

Les Officiers tiendront à cet effet un contrôle des maifons, de leur numéro, & de la compagnie à laquelle elles feront deftinées.

26.

S'ILS en ont le temps, ils feront fortir hors du village, par les habitans du lieu, la quantité de fourrages néceffaire pour le nombre de Troupes ordonné.

27.

LES Fourrageurs feront conduits au fourrage au fec, par le même nombre d'Officiers, & la même efcorte qu'aux fourrages au vert.

28.

LORSQUE la colonne des Fourrageurs arrivera, les Officiers iront au-devant d'elle, avec des Soldats d'ordonnance des détachemens qu'ils auront avec eux; ils feront

X x

laisser les chevaux en dehors du village, & feront conduire par ces ordonnances, les Valets aux granges marquées pour chaque bataillon & compagnie, pour y faire leurs trousses.

29.

IL sera expressément défendu aux Fourrageurs, d'entrer dans les maisons, ni ailleurs que dans les granges ou greniers ; de faire des ouvertures aux toits & murailles, d'entrer dans les jardins, ni de faire aucune autre espèce de dégât.

30.

LORSQUE les trousses seront faites, les Valets iront chercher leurs chevaux pour les charger, & à mesure qu'ils le feront, ils se mettront en file sans s'attendre, & regagneront en droiture le camp.

31.

LES Capitaines avec les escortes, feront l'arrière-garde des Fourrageurs des brigades, & répondront de ceux qui resteront derrière, & du désordre qui sera commis par eux.

32.

EN cas d'alarme, on exécutera ce qui est prescrit ci-dessus, article 21.

33.

APRÈS le départ des Fourrageurs, le Capitaine de chaque brigade sera tenu de se faire donner par le Bourguemestre ou Principal du lieu, un certificat, attestant qu'il ne s'est commis aucun dommage.

34.

S'IL est porté des plaintes, les brigades qui ne seront pas munies de ces certificats, en seront responsables, & payeront le dégât.

35.

SI par violence ou par crainte, ces Officiers exigeoient ces certificats du Bourguemestre d'un village, quoiqu'il s'y fût commis du désordre ; sur la plainte qui en seroit portée, le Major général feroit arrêter l'Officier, & si elle se trouvoit tondée, il en seroit rendu compte au Général : l'Officier seroit cassé, & le désordre payé par le régiment qui l'auroit commis.

36.

LES Officiers commandés pour l'escorte des Fourrageurs, tiendront la main à ce qu'ils n'entrent dans aucun lieu où il y aura des sauvegardes, & à ce qu'on ne fourrage aucun château, abbaye ou maison religieuse, sans un ordre exprès du Général ; à moins qu'ils ne se trouvent indiqués expressément par les Officiers de l'État-major de l'armée.

37.

TOUT Fourrageur qui aura devancé ceux de son régiment, qui s'en séparera, ou qui contreviendra à ce qui est prescrit ci-dessus, sera arrêté & conduit au Prévôt, & puni par les Caporaux de la Prévôté.

38.

TOUTES les fois que l'armée entière ou des divisions de l'armée, fourrageront, un Aide-major général s'y trouvera pour veiller à ce que les fourrages reconnus soient partagés avec égalité, & à ce que tout se passe d'ailleurs avec l'ordre prescrit.

39.

IL sera commandé des détachemens & des Caporaux de la Prévôté, pour maintenir le bon ordre & la police des fourrages.

40.

CES détachemens feront des patrouilles dans l'enceinte marquée, & principalement dans les villages, & ils arrêteront tous Soldats, Cavaliers, Dragons, Vivandiers ou Valets faisant du désordre.

41.

LORSQU'IL sera arrêté un Soldat, Cavalier, Dragon, Vivandier ou Valet faisant du dégât, ou hors de la colonne des Fourrageurs, ou qui n'aura pas sa faulx armée, en allant ou revenant du fourrage, il en fera rendu compte par les Officiers commandant les'efcortes à l'Aide-major général ou l'Aide maréchal des logis de la Cavalerie, qui les feront punir fur le champ, devant les autres Valets, par les Caporaux de la Prévôté.

42.

L'INFANTERIE prendra les armes les jours de fourrages pour faire l'exercice, & fi l'on eft à portée de l'ennemi aucun Officier & Soldat ne pourra s'écarter du camp.

43.

LES jours de marche, le fourrage qui fe trouvera fur pied dans le camp fervira pour ce jour là.

44.

À cet effet il fera commandé à un certain nombre de Valets par brigade, de marcher avec les campemens pour faucher l'enceinte du camp, avant que les Troupes n'arrivent, ainfi qu'il eft expliqué au *Titre du Campement*.

45.

LES Majors de campement, veilleront à ce que ce fourrage fe faffe fans gafpillage, chaque brigade fourrageant parallèlement au front & à la queue de fon camp, & ne prenant du fourrage que pour un jour.

46.

LES fourrages qui fe trouveront depuis le front de bandière de la première ligne jufqu'à cent toifes en avant, & en arrière jufqu'à foixante-quinze toifes, appartiendront aux régimens qui y feront campés, chacun devant leur front; & pour la feconde ligne, ceux depuis foixante-quinze toifes en avant de fon front de bandière, & cent toifes en arrière: Il fera donc de leur intérêt de les ménager, puifque tant qu'ils dureront ils ne feront pas obligés d'aller au loin au fourrage; ils les feront conferver avec foin, & tous les jours ils en couperont pour la confommation de la journée: obfervant avant de commencer à faucher, de placér des fentinelles,

alignées

177

alignées parallèlement au front de bandière, en avant du
terrein qu'on devra couper, de faucher en ligne parallèle
aux faisceaux, & de ne laisser rien perdre.

47.

Les Brigadiers & Majors de brigade, veilleront pareillement à ce que les chevaux d'Artillerie de leur division soient
pourvus de fourrage par préférence à tout.

48.

Lorsque les chevaux de l'Infanterie, seront envoyés
à la pâture, ils seront conduits & gardés par des escortes
commandées par des Officiers & bas Officiers, suivant la
quantité de chevaux & la proximité de l'ennemi.

49.

Dans les temps où les chevaux de l'Infanterie, seront
réduits à la pâture, il sera cependant toujours donné du
fourrage aux chevaux d'Artillerie attachés aux régimens, à
ceux des tentes des compagnies, aux chevaux des chariots
d'effets de remplacement, & à ceux de monture des Officiers
de l'État-major des régimens; savoir, au Brigadier, huit rations;
au Colonel, six; au Lieutenant-colonel & au Major, quatre;
à l'Adjudant & au Quartier-maître, une.

TITRE XXXII.
De l'Entrepôt des Convalescens.

ARTICLE PREMIER.

Il sera établi au commencement de la campagne, un entrepôt
pour les Convalescens, dans un lieu sûr & en bon air, à
portée des hôpitaux, & sur la communication la plus directe
desdits hôpitaux à l'armée.

2.

Le Général nommera un Officier, à son choix, pour
y commander, & y maintenir l'ordre & la discipline.

Y y

3.

CHAQUE régiment enverra à cet entrepôt, un Sergent & un Caporal, pour veiller, fous les ordres de cet Officier, à la police des Convalefcens de leur corps, & les conduire à l'armée lorfqu'il leur en donnera l'ordre. Il y fera auffi envoyé deux Tambours.

4.

TOUS les Convalefcens qui fortiront des hôpitaux de l'armée, feront, autant qu'il fera poffible, conduits à ces entrepôts par des bas Officiers des Troupes qui feront en garnifon dans les places où ces hôpitaux feront établis.

5.

EN y arrivant ils feront répartis régiment par régiment, en efcouades commandées par le Sergent & le Caporal de leur corps.

6.

ILS y vivront au moyen de leur folde, les bas Officiers veilleront exactement à ce qu'ils faffent ordinaire, & à ce qu'ils ne mangent rien de contraire à leur rétabliffement.

7.

IL fera obfervé dans cet entrepôt la même police & difcipline que dans un quartier; les convalefcens feront fujets à des appels, & ne pourront s'écarter.

8.

LORSQU'IL y aura un nombre de convalefcens totalement rétablis, & en état de foutenir les fatigues de la campagne, le Commandant les enverra à l'armée conduits par des bas Officiers.

9.

CES bas Officiers les remettront chacun à leur régiment, & feront refponfables des défordres qu'ils pourroient commettre fur la route.

10.

LE Commandant de l'entrepôt tiendra un regiftre exact

179

de tout ce qui fera fourni aux convalefcens en prêt, pain & viande, &c. afin que la retenue puiffe en être faite à leurs différens corps.

TITRE XXXIII.
Des Sauvegardes.

ARTICLE PREMIER.

LES Soldats, Cavaliers & Dragons que les Généraux des armées auront établis en fauvegarde, feront refpectés comme des fentinelles dans les lieux où ils feront établis.

2.

IL fera défendu à tous Officiers, Soldats, Valets, Vivandiers, &c. de faire aucun tort à ceux à qui il aura été accordé des fauvegardes, à peine aux Soldats de la vie; & aux Officiers de répondre en leur propre & privé nom des dommages & intérêts qui auront été foufferts.

3.

LES Majors des régimens tiendront un état exact des foldats qui feront envoyés aux fauvegardes, des lieux où chacun d'eux fera envoyé, du jour de leur départ, & de celui de leur retour.

4.

LE pain, la viande, & le prêt des Soldats envoyés en fauvegarde, appartiendront, pendant le temps qu'ils feront abfens, favoir; le pain & la viande à leur chambrée, & le prêt à la maffe de tenue.

5.

LES Soldats envoyés en fauvegarde, recevront, pendant les quinze premiers jours qu'ils y feront, la totalité de ce qui devra être payé chaque jour pour eux perfonnellement dans les lieux où ils feront établis; mais au-delà de ces quinze jours, ils ne recevront que la moitié de ce bénéfice, & l'autre moitié fera retenue, pour être partagée entr'eux & la maffe de tenue de leur compagnie.

6.

LES Majors des régimens auront foin de demander le retour des fauvegardes qu'ils auront fournies, quand les habitans des lieux où ces fauvegardes auront été établies, ne les ramèneront pas exactement à la fin du temps pour lequel elles leur auront été accordées, ou lorfque les armées s'éloigneront defdits lieux à la diftance de fix heures de chemin.

7.

LES habitans feront refponfables des violences qui pourront être faites aux fauvegardes qui leur auront été accordées, & tenus en ce cas, des dédommagemens qu'il appartiendra ils le feront de même fi le Soldat défertoit en fauvegarde.

8.

LE Major général demandera, à tour de rôle, à chaque brigade, les Soldats néceffaires pour aller en fauvegarde, & il en tiendra un état particulier.

Les Majors des brigades feront fournir alternativement par les régimens qui les compoferont, les fauvegardes qui leur feront demandées par le Major général.

9.

LE contenu des articles ci-deffus, fera notifié exactement tant aux Soldats qui feront envoyés en fauvegarde, qu'aux perfonnes qui les demanderont, afin que nul n'en puiffe prétendre caufe d'ignorance.

TITRE XXXIV.
Des Partis.

ARTICLE PREMIER.

NUL parti ne pourra fortir de l'armée qu'avec un paffeport figné du Général, & cacheté de fes armes.

2.

LE Commandant du parti aura même foin de prendre
plufieurs

188

plusieurs passeports du Général, afin que s'il se trouve obligé de diviser son détachement, il en puisse donner un double à celui qui devra commander la troupe qui en sera séparée; & au bas de ce double il marquera le nombre d'hommes dont ce détachement sera composé.

3.

LES partis ne pourront être d'un moindre nombre d'hommes que celui qui sera stipulé par les cartels lorsqu'il y en aura d'établis entre les Puissances belligérantes, auxquels cartels les conducteurs des partis seront tenus de se conformer.

4.

LES effets pris par les partis qui auront été détachés de l'armée, ne pourront être vendus qu'à ladite armée, après que la prise aura été jugée de bonne prise par le Major général, si le Commandant est de l'Infanterie; & par le Maréchal général des logis de la Cavalerie, s'il est de la Cavalerie ou des Dragons.

5.

SI cependant le parti ne pouvant revenir à l'armée, est obligé de se jeter dans une place, la prise pourra y être vendue à l'encan par le Major de ladite place, après qu'il en aura été dressé procès-verbal, & qu'elle aura été jugée bonne; & en ce cas le Commandant du parti en rapportera un état détaillé & certifié du Major de ladite place.

6.

LES Partisans, à leur retour au camp, s'adresseront au Major général, & lui présenteront leurs prises & prisonniers, afin qu'il puisse les faire questionner, & en rendre compte au Général.

7.

CEUX qui auront vendu dans le plat-pays, les effets prétendus pris sur les ennemis, seront réputés voleurs & punis comme tels; & les particuliers qui auront reçu ou acheté ces effets, seront punis comme receleurs.

Z z

8.

LORSQUE le Commandant du parti, & les Soldats qui le compoferont, feront de la même brigade, la prife fera vendue à la tête de la brigade, & la vente faite par le Major de ladite brigade.

9.

SI tout le parti eft d'un même régiment, la vente fera faite à la tête de ce régiment par le Major particulier du corps.

10.

SI le Commandant du parti eft tout feul de fon corps, & que les Soldats foient d'un même régiment ou d'une même brigade, la vente fe fera à la tête du régiment ou de la brigade dont feront les Soldats.

11.

QUAND un Officier ayant paffeport, aura pris des Soldats volontaires de différentes brigades, la vente fe fera à la tête & par le Major du régiment dont fera l'Officier.

12.

SI le Partifan qui aura pris fur fon paffeport des Soldats volontaires de différentes brigades, n'eft point Officier dans l'armée, la vente fe fera au quartier général.

13.

DANS tous les cas ci-deffus, les ventes pourront fe faire au quartier général, avec la permiffion du Général de l'armée, fi le Commandant du parti juge qu'elles y foient plus avanta-geufement faites; auquel cas il s'adreffera au Major général pour la demander.

14.

ON ne fera d'autre retenue fur la vente que celle du fou pour livre, au profit du Major qui l'aura faite, lequel fera obligé de payer le Tambour, & de tenir un état des effets vendus & de leur produit.

Il fera également obligé de faire publier à fon de caiffe,

la vente au quartier général ou dans le camp, aſſez à l'avance
pour que les acheteurs puiſſent s'y trouver.

15.

CHAQUE priſe ſera partagée comme il ſuit, entre les
Officiers & Soldats qui l'auront faite.

16.

LE Partiſan, conducteur du parti, de quelque grade qu'il
ſoit, prendra toujours ſix parts comme chef; s'il eſt Capitaine
il en prendra encore ſix autres en cette qualité, quatre s'il
eſt Lieutenant ou Sous-lieutenant, deux s'il eſt Sergent, &
une s'il eſt ſimple Soldat.

17.

SI le Partiſan n'avoit point d'emploi dans l'armée, & qu'y
étant venu d'ailleurs, on lui eût donné un paſſeport avec
des Soldats de l'armée pour aller en parti; en ce cas il
prendra deux parts, outre les ſix comme chef, s'il n'eſt
point Officier; & s'il eſt Officier, il partagera ſuivant ſon
grade.

18.

QUAND il y aura dix chevaux pris & davantage, le
chef du parti aura un cheval de préférence, mais il ne
pourra le prétendre, ſi les chevaux pris ſont au-deſſous de
ce nombre.

19.

LORSQU'IL y aura deux Partiſans nommés dans le paſſeport, ils ne prendront qu'un cheval de préférence, dont le
prix ſera partagé entr'eux.

20.

SI deux Partiſans, ayant chacun un paſſeport ſéparé,
s'étant joints, font une priſe enſemble, ils prendront chacun
leur part comme s'ils étoient ſéparés; à l'égard du cheval
de préférence ils le partageront enſemble quand il y aura
moins de quinze chevaux; & s'il y en a ce nombre ou
davantage, ils en prendront chacun un.

21.

LES Officiers & Sergens du parti, qui ne le commanderont pas, prendront le nombre des parts ci-dessus expliqué, qui est de six pour le Capitaine, quatre pour le Lieutenant ou Sous-lieutenant, deux pour le Sergent & une pour chaque Soldat.

22.

LES guides auront deux parts comme un Sergent.

23.

S'IL y a des Soldats blessés, qui n'aient pas pu rejoindre lors de la vente de la prise, leur part restera entre les mains du Major du régiment, pour leur être délivrée à leur retour.

24.

SI un Soldat, revenant de parti, a perdu quelque chose de son armement, habillement ou équipement, le Capitaine lui en fera retenir la valeur sur sa part de la prise qui aura été faite par ledit détachement; hors ce cas la part de chaque Soldat lui sera délivrée sur le champ, sans aucune retenue.

25.

LA dépouille du prisonnier & son argent, appartiendront à celui qui l'aura pris. Si plusieurs y prétendent, la discussion sera jugée par le Commandant du détachement ou parti; & en cas que le fait ne fût pas clair, la dépouille & l'argent seront partagés entre ceux qui paroîtront y avoir droit.

TITRE XXXV.
Des Honneurs Militaires.

ARTICLE PREMIER.

LE drapeau blanc ne se portera jamais à aucune garde, de quelque régiment qu'elle soit, que lorsque le Colonel la montera pour Sa Majesté & pour Monsieur le Dauphin; bien entendu néanmoins que si le Colonel étoit absent, on ne

porteroit

185

porteroit pas moins le drapeau blanc à la garde qu'il devroit
monter étant préfent.

2.

LA garde des Princes du Sang & Légitimés de France,
& des Maréchaux de France, fera de fix efcouades commandées par un Capitaine, un Lieutenant, un Sous-lieutenant
& deux Sergens, avec un drapeau de couleur, & un Tambour
qui battra *aux champs*. Les Capitaines-commandans & les
Capitaines en fecond rouleront enfemble pour ce fervice.

3.

LE plus ancien des régimens de l'armée la fournira chez
le premier des Princes du Sang, & ceux qui le fuivront
monteront fucceffivement chez les autres Princes &
Maréchaux de France.

4.

LORSQUE les Princes du Sang & Légitimés de France
iront les uns chez les autres, leurs gardes prendront les armes
& leurs Tambours battront *aux champs*.

5.

LES gardes des Officiers généraux, prendront les armes
pour les Princes & Maréchaux de France, lorfqu'ils pafferont
devant elles, & celles qui auront des Tambours, battront
aux champs.

6.

LES Tambours battront toujours *aux champs* pour ceux
à qui il fera dû une garde avec un drapeau.

7.

LE Lieutenant général commandant une armée en chef,
aura pour fa garde fix efcouades fans drapeau, commandées
par un Capitaine, un Lieutenant & un Sous-lieutenant, & le
Tambour *appellera*.

8.

LES Lieutenans généraux employés dans les armées, auront
quatre efcouades commandées par un Lieutenant, un Sous-
lieutenant, lefquels rouleront enfemble pour ce fervice, & le
Tambour *appellera*.

9.

LE Maréchal-de-camp qui aura un ordre pour commander en chef un corps de Troupes, aura de même quatre efcouades & un Officier, & le Tambour *appellera*.

10.

LES Maréchaux employés auront deux efcouades & un Sergent : le Tambour conduira la garde & n'y reftera pas.

11.

LES gardes des Officiers généraux, prendront les armes dès qu'il paffera une troupe devant leur logis, & leur Tambour battra, fi cette troupe marche Tambour battant & Trompette fonnante.

12.

LE Brigadier d'Infanterie, qui aura un ordre pour commander en chef un corps de Troupes, aura la même garde qu'un Maréchal-de-camp employé, mais le Tambour ne *rappellera* pas.

13.

CELUI qui commandera une brigade, aura une efcouade de huit hommes & un Caporal, qui feront fournis fucceffivement par les régimens de cette brigade ; & comme cette garde ne fera que pour fes équipages, elle ne prendra les armes pour qui que ce foit, & elle fe mettra feulement en haie fans armes lorfque le Brigadier entrera ou fortira.

14.

L'INFANTERIE ne préfentera jamais les armes que pour le Saint-Sacrement, le Roi, Monfieur le Dauphin, les Princes du Sang & Légitimés de France, & les Maréchaux de France. Alors elle aura la baïonnette au bout du fufil ; & pour le Saint-Sacrement, elle mettra un genou à terre & le chapeau fur la garde du fabre.

15.

LES gardes de la tête du camp prendront les armes pour les Princes du Sang & Légitimés de France, les Maréchaux de France, & le Commandant en chef de l'armée ou d'un corps de Troupes ; & les Tambours battront *aux champs*.

187

16.

ELLES se mettront sous les armes & en haie pour les Lieutenans généraux & les Maréchaux-de-camp de jour, & le Tambour ne battra pas.

17.

QUANT aux gardes des postes autour de l'armée, elles prendront les armes dès qu'elles verront venir à elles quatre ou cinq personnes, & lorsqu'elles les auront fait reconnoître, elles les recevront suivant leur dignité; mais sans que les Tambours battent, à moins que cela ne soit ordonné. Dans ce cas, ils battront *aux champs* pour les Princes du Sang & Légitimés, & pour les Maréchaux de France; & *appelleront* pour un Lieutenant général, même quand il commanderoit l'armée.

18.

LORSQUE le Major général jugera à propos de visiter les gardes du camp ou les postes de l'armée, on lui rendra les honneurs dûs à son grade; mais s'il n'étoit pas Brigadier, il seroit cependant reçu par les postes comme s'il avoit ce grade.

19.

LES Brigadiers qui les visiteront, seront reçus la garde se reposant sur les armes, l'Officier à la tête.

20.

POUR un Colonel qui ira les voir, les Soldats se trouveront à leurs armes, qui seront à terre, & l'Officier sera près d'eux pour rendre compte du poste.

21.

LES piquets ne rendront aucuns honneurs, & ce qu'ils doivent observer lors du passage des Princes & Officiers généraux, est expliqué au *Titre du Piquet.*

22.

IL ne sera donné aucune garde, ni établi aucune sentinelle à aucuns équipages, autres que celles ordonnées par Sa

Majefté; & fi quelqu'un exige au-delà de ce qui eft prefcrit, les Majors des régimens en feront refponfables s'ils n'en rendent compte auffitôt au Major général.

23.

NE feront néanmoins comprifes dans cette défenfe les gardes qu'il eft d'ufage de donner aux Intendans des armées, aux Tréforiers & autres, que le Major général continuera de commander comme par le paffé.

24.

LES Troupes qui fe rencontreront en marche, exécuteront ce qui eft prefcrit au *Titre des Marches.*

Elles fe conformeront auffi à l'article du même Titre pour les honneurs à rendre au Saint-Sacrement, aux Princes du Sang & Légitimés de France, aux Maréchaux de France & aux Commandans en chef de l'armée.

TITRE XXXVI.
Des honneurs Funèbres.

ARTICLE PREMIER.

LORSQU'UN Maréchal de France mourra à l'armée, il fera tiré un coup de canon de demi-heure en demi-heure, jufqu'au départ de fon convoi.

2.

TOUTE l'armée prendra les armes, & fe tiendra en bataille pendant la marche du convoi qui fera précédé par la plus ancienne brigade de Cavalerie & d'Infanterie, ayant à leur tête douze pièces de canon de campagne.

3.

LORSQUE le corps fera mis en terre, ou dépofé, il fera fait trois décharges de douze pièces de canon & de la moufqueterie des Troupes finiffant par celles qui auront marché au convoi, lefquelles feront la dernière en défilant devant la porte de l'églife.

189

4.

Si le corps d'un Maréchal de France mort à l'armée, étoit transporté dans une place frontière, il lui seroit donné pour escorte jusqu'à ladite place, le plus ancien régiment d'Infanterie & le plus ancien régiment de Cavalerie; toute l'armée prendroit les armes au départ du convoi : & dans les quartiers & places par lesquelles il passeroit, il lui seroit rendu les mêmes honneurs qui lui étoient dûs de son vivant.

5.

Pour un Lieutenant général commandant l'armée en chef, il sera tiré un coup de canon de demi - heure en demi-heure jusqu'au départ du convoi.

6.

Toute l'armée prendra les armes, se tiendra en bataille pendant la marche du convoi qui sera précédé par le plus ancien régiment de Cavalerie & d'Infanterie, ayant à leur tête cinq pièces de canon de campagne.

7.

Il sera fait au moment de sa sépulture, trois décharges de cinq pièces de canon, & de la mousqueterie des Troupes, finissant par celles du convoi qui feront la dernière en défilant.

8.

Pour un Maréchal-de-camp commandant un corps de troupes en chef, toute l'armée prendra les armes, & se tiendra en bataille pendant la marche du convoi, qui sera précédé par un escadron & un bataillon du plus ancien régiment de Cavalerie & d'Infanterie ; & il sera fait trois décharges générales de la mousqueterie des Troupes qui finiront comme il a été dit par celles du convoi.

Si le corps d'un Lieutenant général ou Maréchal-de-camp commandant en chef un corps de Troupes, étoit transporté, il en seroit usé comme il a été prescrit ci-dessus *article 4;* excepté qu'il ne marcheroit qu'un bataillon, & un escadron, pour le convoi du Lieutenant général, & une compagnie

Bbb

seulement d'Infanterie & de Cavalerie, pour celui du Maréchal-de-camp.

9.

POUR un Lieutenant général employé à l'armée, un détachement de six escouades par bataillon, commandé par un Capitaine & un Lieutenant ou Sous-lieutenant, prendra les armes, marchera avec le convoi, & fera trois décharges.

10.

POUR un Maréchal-de-camp, un détachement de même force par régiment, prendra les armes, marchera avec le convoi, & fera trois décharges.

11.

POUR un Brigadier d'Infanterie, s'il est Colonel, son régiment entier marchera avec deux détachemens de six escouades commandées chacune par un Capitaine, un Lieutenant ou Sous-lieutenant des autres bataillons de la brigade; & s'il n'a point de régiment, on commandera dix détachemens de même force de la brigade, & tout ce qui aura marché fera trois décharges.

12.

POUR un Colonel étant à son régiment, le régiment tout entier prendra les armes & marchera au convoi.

Si le Colonel n'étoit pas à son régiment, ou qu'il fût réformé ou par commission, on commandera six détachemens sans drapeau.

13.

POUR un Lieutenant-colonel en pied, il y aura la moitié du régiment par détachemens, avec un drapeau.

14.

POUR un Lieutenant colonel, dont le régiment ne sera pas présent ou qui sera réformé ou par commission, on commandera quatre détachemens de même composition que ci-dessus, sans drapeau.

15.

POUR un Major, on commandera trois détachemens.

191

Pour un Capitaine commandant, deux détachemens.

Pour un Capitaine en fecond, un détachement de fept efcouades.

Pour un Lieutenant, un détachement de cinq efcouades.

Pour un Sous-lieutenant, un détachement de quatre.

Pour un Quartier-maître ou Porte-drapeau, un Sergent & trois efcouades.

Pour un Fourrier ou Sergent, un Sergent avec deux efcouades.

Pour un Caporal, un Caporal avec une efcouade.

Pour un Soldat, quatre Soldats.

Le tout du régiment dont fera le défunt.

16.

TOUS les détachemens qui marcheront pour rendre les honneurs funèbres, feront commandés par des Officiers ou bas Officiers du même grade que le défunt, ou à leur défaut par ceux du grade inférieur.

Les Officiers feront commandés pour ces détachemens, au tour du fervice des gardes d'honneur.

17.

IL en fera de même des quatre Officiers qui devront porter les quatre coins du poêle.

18.

LES troupes qui marcheront aux convois, porteront la platine fous le bras gauche, & feront trois décharges.

19.

IL fera mis, autant qu'il fe pourra, des crêpes aux drapeaux qui marcheront aux convois, & les caiffes des Tambours feront couvertes de ferge noire.

20.

LES crêpes qui feront mis aux drapeaux des régimens, à la mort de leur Colonel, y refteront jufqu'à ce qu'ils aient été remplacés.

TITRE XXXVII.
Des Scellés & Inventaires.

ARTICLE PREMIER.

LORSQU'UN Officier d'Infanterie mourra à l'armée ou dans un quartier de cantonnement, le Major du régiment, aussitôt qu'il en sera averti, se transportera à la tente ou au logement du défunt, pour y faire l'inventaire de ses effets & équipages, & pour mettre les scellés sur lesdits effets, s'il ne peut pas en faire l'inventaire dans le moment.

2.

IL remettra lesdits effets aux héritiers, s'il s'en présente qui veuillent acquitter sur le champ les dettes de la succession, sinon il en sera fait diligemment la vente à l'encan.

3.

IL ne pourra retenir que le sou pour livre sur le produit de la vente, pour se dédommager de ses frais; après quoi il acquittera les frais funéraires, les gages des Valets, & ce qui sera dû au régiment ainsi qu'aux Vivandiers marchant à la suite de l'armée; bien entendu qu'il constatera toutes ces dettes, & qu'il tirera des quittances des payemens.

4.

IL gardera entre ses mains, le surplus de l'argent de la succession, avec l'inventaire & les pièces justificatives des payemens qu'il aura faits, ainsi que les effets qui n'auront pu être vendus, & les papiers, afin de remettre le tout aux héritiers naturels ou à leurs chargés de procuration, desquels il retirera une quittance de décharge en bonne forme, à l'effet de quoi il aura soin d'avertir les parens du défunt.

5.

L'ÉPÉE que portoit ordinairement le défunt, sera mise sur son cercueil lors de l'enterrement, & elle appartiendra au Major, comme un honoraire, en considération du soin
qu'il

193

qu'il aura pris de lui faire rendre les honneurs funèbres attribués à son grade.

6.

SI le prix de cette épée étoit nécessaire pour l'acquit des dettes du défunt, il y seroit employé par préférence.

Si le défunt en avoit disposé authentiquement avant sa mort, celui en faveur duquel il en auroit disposé, en mettroit une autre à sa place.

TITRE XXXVIII.
Des Conseils de guerre & Exécutions.

ARTICLE PREMIER.

LORSQU'IL sera nécessaire de tenir le Conseil de guerre à l'armée, le Major du régiment dont sera l'accusé, s'adressera au Major général, pour en obtenir la permission du Général de l'armée, & il en avertira le Brigadier.

2.

LES Majors des régimens instruiront les procès de tous les Soldats de leur corps, qui seront contrevenus aux Ordonnances militaires, excepté les cas qui seront réservés au Prévôt de l'armée, quand il se trouvera présent pour en prendre connoissance.

3.

CETTE exception doit s'étendre aussi sur les vols & autres délits qui concernent directement l'Artillerie. Tous les Soldats qui en seront prévenus devant être jugés à l'armée par les seuls Officiers d'Artillerie, dans un Conseil de guerre qui s'assemblera pour cet effet chez celui qui commandera ladite Artillerie.

4.

LE Commandant de la compagnie dont sera l'accusé, & à son défaut un Officier-major du régiment, rendra sa plainte à celui qui le commandera pour obtenir qu'il en soit informé,

Ccc

& il ne pourra refuſer de la recevoir ſans des raiſons très-graves, dont en ce cas il informera ſur le champ le Général.

5.

LA requête ayant été admiſe, & remiſe au Major, il procédera à l'information, à l'interrogatoire de l'accuſé, au récolement des témoins & à leur confrontation audit accuſé; le tout en ſuivant les formalités preſcrites par l'Ordonnance criminelle du mois d'août 1670, & de manière que la procédure ſoit parfaite en deux fois vingt-quatre heures au plus, à moins qu'il n'y ait des raiſons conſidérables qui exigent d'y employer un plus long temps.

6.

LE procès étant en état, le Major en rendra compte au Commandant du régiment, qui ordonnera ſans délai la tenue du Conſeil de guerre.

7.

LE Commandant du régiment nommera les Officiers du corps qui doivent compoſer le Conſeil de guerre, leſquels ſeront commandés à l'ordre la veille du jour qu'il devra ſe tenir, & ſeront au moins au nombre de ſept, compris le Préſident.

8.

TOUS les Officiers qui auront été commandés pour le Conſeil de guerre, ſe rendront à la tente du Commandant du régiment, à l'heure de la matinée qui leur aura été preſcrite, étant à jeun, portant le hauſſe-col, & ayant des guêtres, & ils iront enſemble entendre la Meſſe avant de ſe mettre en place.

9.

AU retour de la Meſſe, le Commandant du régiment s'étant aſſis, les autres Juges prendront leurs places alternativement à ſa droite & à ſa gauche, ſuivant leur grade & leur ancienneté; les Officiers réformés après les Officiers en pied du même grade.

10.

LE Commiſſaire des guerres ayant la police du régiment,

195

pourra affifter au Confeil de guerre : en ce cas il fe mettra
à la gauche du Préfident, & pourra repréfenter aux Juges les
Ordonnances relatives au délit dont il fera queftion ; mais il
n'y aura pas de voix délibérative.

11.

LE Major s'affeoira vis-à-vis le Préfident, & apportera
les Ordonnances militaires & les informations.

12.

LES Juges étant affis & couverts, après que le Préfident
aura dit le fujet pour lequel le Confeil de guerre fera affemblé,
le Major du régiment fera la lecture de toute la procédure
& de fes conclufions, qu'il fera tenu de figner.

13.

APRÈS la vifite & la lecture entière du procès, le Préfident ordonnera que l'accufé foit amené devant l'affemblée,
où il le fera affeoir fur la fellette, fi les conclufions tendoient
à une peine afflictive, finon l'accufé y comparoîtra debout.

14.

LE Préfident après lui avoir fait prêter ferment de dire
vérité, procédera à fon dernier interrogatoire ; chaque Juge
pourra l'interroger à fon tour, & on le fera retirer quand les
interrogatoires feront finis.

15.

L'ACCUSÉ étant forti, le Préfident prendra les voix pour
le jugement.

16.

LE dernier Juge opinera le premier, ainfi de fuite en
remontant jufqu'au Préfident, qui opinera le dernier.

17.

CELUI qui opinera ôtera fon chapeau, & dira à voix
haute, que trouvant l'accufé convaincu, il le condamne à telle
peine ordonnée pour tel crime ; ou que le jugeant innocent
il le renvoie abfous ; ou fi l'affaire lui paroît douteufe, faute
de preuves, qu'il conclut à un plus amplement informé,
l'accufé reftant en prifon.

18.

A mesure que chaque Juge donnera son avis, il l'écrira au bas des conclusions du Major, & le signera.

19.

L'AVIS le plus doux prévaudra dans les jugemens, si le plus sévère ne l'emporte de deux voix; & l'avis du Président ne sera compté que pour une voix, de même que celui des autres Juges.

20.

L'ACCUSÉ étant jugé, le Major fera dresser la sentence suivant les modèles imprimés qui lui auront été envoyés, & tous les Juges signeront au bas, quand bien même ils auroient été d'avis différent de celui qui aura prévalu.

21.

LE Major ira ensuite au lieu où le Prisonnier sera détenu; s'il est renvoyé absous, il sera mis en liberté aussitôt après que sa sentence lui aura été lûe; s'il est condamné à mort ou à une peine corporelle, le Major le fera mettre à genoux pendant qu'il lui lira sa sentence. Dans le premier cas, on lui donnera aussitôt un Confesseur, & il sera exécuté dans la journée; dans le second, il restera en prison jusqu'au moment de l'exécution de la condamnation.

22.

DÉFEND Sa Majesté aux Commandans des corps d'ordonner ni souffrir, sous tel prétexte que ce puisse être, qu'il soit sursis à l'exécution d'un Conseil de guerre, sans un ordre exprès de Sa Majesté.

23.

DÈS que le jugement aura été rendu, le Major du régiment en avertira le Major général, ainsi que de l'heure à laquelle l'exécution devra être faite; afin qu'en ce cas, il y fasse trouver les détachemens que le Général jugera à propos d'y envoyer.

Ces détachemens seront de tel nombre d'escouades qui sera ordonné, & ils seront fournis au tour des corvées armées,

les

¹⁹⁷
les piquets ne devant plus à l'avenir marcher pour affifter
aux exécutions.

24.

LE régiment duquel fera le criminel, fera placé au centre
du terrein où l'exécution devra fe faire, & les détachemens
de l'armée fe placeront à fa droite ou à fa gauche, dans le
même ordre qu'ils feront campés, formant le carré, dont une
face reftera ouverte, fi le criminel doit paffer par les armes.

25.

LORSQUE l'on amènera le criminel fur le lieu de l'exécution,
les Troupes feront fous les armes, les Officiers à leurs poftes,
les Tambours battant *aux champs,* & il fera publié un ban
portant défenfe, fous peine de la vie, de crier *grâce.*

26.

LE criminel étant arrivé au centre des Troupes, on le
fera mettre à genoux, & on lui lira fa fentence à haute voix,
après quoi on le conduira au lieu du fupplice.

27.

CELUI qui aura été condamné à être pendu, fera paffé
par les armes au défaut d'Exécuteur ; & en ce cas, il en fera
fait mention au bas de la fentence.

28.

LORSQU'APRÈS l'exécution on fera défiler les détachemens
devant le mort, ils défileront par la droite ou par la gauche,
fuivant le chemin qu'ils devront prendre pour retourner à leurs
camps, gardant entr'eux le même ordre dans lequel ils auront
été placés, & laiffant marcher à la tête le régiment dont étoit
le criminel.

29.

SI l'on jugeoit à propos de faire affifter à l'exécution, des
détachemens d'une garnifon voifine, ils prendront rang avec
ceux de l'armée, fuivant celui du plus ancien régiment de la
garnifon, qui fera réputé alors être chef de brigade.

30.

L'EXÉCUTION étant faite, le Major du régiment dans

lequel le Conseil de guerre se fera tenu, donnera une copie de la sentence au Major général, pour être par lui envoyée au Secrétaire d'État ayant le département de la guerre.

31.

Si le délit pour lequel le Conseil de guerre doit être assemblé, pouvoit souffrir quelque difficulté à l'occasion de laquelle le Général de l'armée jugeât à propos d'ordonner, qu'au lieu d'être tenu par les seuls Officiers du régiment, il seroit composé de ceux des régimens de la brigade; en ce cas, le Major de la brigade fera tout ce qui est prescrit ci-dessus au Major du régiment qui enverra seulement un Officier-major pour assister aux informations; & les Officiers des différens régimens de la brigade siégeront entr'eux suivant leur grade & l'ancienneté de leur corps, à l'exception des réformés qui siégeront après tous les Officiers de leur grade qui seront en pied, & prendront rang entr'eux suivant la date de leurs Commissions, Lettres ou Brevets.

32.

Le régiment des Gardes-françoises exercera sa justice dans les armées, ainsi qu'elle est établie dans ce corps.

33.

Les régimens Étrangers ayant pareillement une justice particulière, jugeront leurs Soldats suivant les formes usitées dans leur nation; mais ils seront assujettis à demander, au Major général, la permission du Général pour tenir le Conseil de guerre, & à l'informer du jugement, pour avoir celle de le faire exécuter; ils devront aussi avertir leurs Brigadiers.

34.

Aucun Officier ne sera mis au Conseil de guerre, sans un ordre de Sa Majesté, qui fera savoir ses intentions au Général, sur le compte qui lui sera rendu du délit & de l'information qui en aura été faite.

TITRE XXXIX.

Des Gilets, Capotes & autres fournitures qui devront être faites à l'Infanterie au 1.er Octobre.

ARTICLE PREMIER.

Lorsque l'armée fera la guerre dans un pays froid, il sera distribué aux Soldats un équipement d'hiver.

2.

Cet équipement consistera en un gilet bien croisé, une paire de souliers à deux semelles & d'un talon plus élevé, une paire de gants de laine & des capotes pour les sentinelles.

3.

Ces fournitures seront assemblées dès le commencement de la campagne, dans des places sur les derrières de l'armée.

4.

Si les opérations de la campagne éloignent l'armée desdites places, il sera donné des ordres pour rapprocher ces fournitures afin que la livraison n'en soit jamais retardée.

5.

Le Général de l'armée donnera ses ordres à l'Intendant pour qu'elles soient distribuées aux troupes au plus tard le 1.er Octobre.

6.

Les régimens donneront des reçus de la quantité de gilets & capotes qui leur aura été délivrée, & lesdites fournitures seront remises à la fin de l'hiver dans les magasins indiqués par l'Intendant de l'armée.

7.

Celles qui seront perdues, seron remplacées sur la subsistance des régimens.

8.

A compter du jour de la livraison de l'équipement d'hiver,

les Soldats porteront toujours leurs revers croifés, foit étant de fervice, foit dans l'intérieur du camp.

9.

LES Colonels & Majors veilleront à ce que tous les fouliers qui feront faits pour leur régiment pendant l'hiver, foient conformes au modèle qui aura été délivré.

10.

SI la campagne paroît devoir fe prolonger, l'Intendant de l'armée aura foin qu'il y ait toujours à la fuite du quartier général, un magafin de fouliers & de femelles, pour que l'Infanterie puiffe s'y pourvoir dans les befoins preffans.

11.

LORSQU'IL fera poffible de raffembler dans le pays des légumes fecs, il en fera diftribué aux troupes, & à leur défaut, du riz.

12.

LE Général de l'armée ordonnera, lorfqu'il le jugera néceffaire, que l'Infanterie foit baraquée.

13.

LES baraques feront foutenues par de forts travers, & conftruites dans la même forme & fur le même alignement des tentes qui en feront toujours retirées, afin de ne pas fe pourrir.

Elles feront confervées avec foin jufqu'à ce qu'il en ait été donné de neuves, étant poffible qu'on puiffe en avoir befoin, même après la rentrée dans les quartiers d'hiver..

14.

DANS tous les camps d'arrière-faifon, les bataillons camperont toujours, autant qu'il fe pourra, par quart de compagnie ou par fection, pour que les Officiers & Soldats aient plus de terrein pour leurs baraques & cuifines, & afin de prévoir les accidens du feu.

15.

LES diftributions de paille feront plus abondantes & plus fréquemment renouvelées.

TITRE XL.

TITRE XL.

Des Cantonnemens de la fin de la Campagne.

ARTICLE PREMIER.

Lorsque l'armée sera remise en cantonnemens, personne ne pourra s'établir dans d'autres quartiers que ceux qui lui auront été départis.

2.

L'Infanterie conservera dans ses cantonnemens, le même ordre de bataille qu'elle avoit étant campée.

3.

La disposition des cantonnemens se fera toujours de manière que l'Infanterie de l'aile droite occupe ceux de la droite; l'Infanterie de l'aile gauche, ceux de la gauche, &c. & que l'ordre des lignes & divisions soit conservé, autant que la position des villages le permettra.

4

Le service continuera de se faire par division. Tous les ordres du Général seront adressés au Lieutenant général qui la commandera, près duquel se tiendra le Major de la division pour en faire le détail.

5.

Le quartier du Lieutenant général commandant la division, sera, autant qu'il sera possible, établi au centre de la première ligne des cantonnemens de sa division.

6.

Chaque brigade y enverra un Officier & un Sergent d'ordonnance.

7.

Il sera de même envoyé aux quartiers des Majors des brigades, des Sergens & Caporaux d'ordonnance de tous les régimens qui les composent; & au quartier principal de chaque régiment, des Sergens & Caporaux d'ordonnance de ces bataillons détachés.

8.

TOUTES ces ordonnances feront à cheval, & munies de Guides auffi à cheval, pour porter plus diligemment & plus fûrement les ordres dont elles feront chargées.

9.

...CES Guides & chevaux feront fournis dans chaque quartier fur les ordres par écrit de l'Officier qui y commandera.

10.

LORSQUE les Aides maréchaux des logis de l'armée auront diſtribué à chaque brigade fes quartiers de canton-nement, les Brigadiers & Majors de brigade fe les répar-tiront entre eux, fuivant la force de leur brigade, & les diſtribueront enfuite aux différens régimens dont elles feront compofées ; en gardant toujours, comme il a été dit ci-deffus, l'ordre de bataille.

11.

IL fera obfervé dans ces répartitions, de mettre toujours enfemble les régimens d'une même brigade, les bataillons d'un même régiment, & les compagnies d'un même bataillon ; & lorfque ces logemens ne pourront être réunis, ils feront du moins le plus à portée qu'il fera poffible.

12.

LES Soldats des mêmes compagnies, feront mis de même enfemble, ou le plus près les uns des autres qu'il fe pourra, dans des maifons ou granges qui feront marquées à cet effet, & on leur donnera le bois & la paille néceffaires.

13.

LES Officiers chargés du logement, numéroteront toutes les maifons & granges, & marqueront fur celles deſtinées pour le Soldat, le nom de la compagnie, & le nombre d'hommes qu'elles devront loger.

14.

LES Capitaines & Officiers fubalternes, logeront dans

203

les quartiers de leur compagnie, afin d'être à portée de
les contenir.

15.

LES compagnies de Grenadiers & de Chasseurs, feront
toujours logées par préférence aux avenues des quartiers de
leurs bataillons.

16.

IL fera marqué aux Tambours, des logemens au centre
du quartier, & le plus à portée qu'il fera possible du logement de l'Officier qui y commandera.

17.

LES bas Officiers veilleront à ce que toutes les armes
& gibernes des Soldats, soient rassemblées dans les chambres
ou granges qu'ils occuperont, de manière que chacun puisse
retrouver aisément les siennes.

18.

LES Soldats logeront, autant qu'il se pourra, dans les
chambres fur le devant des maisons, & au rez-de-chaussée,
afin de pouvoir se rassembler plus promptement en cas
d'alarme.

19.

SI l'on est dans un pays où l'usage soit de chauffer les
chambrées par des poêles, on fera coucher par préférence
les Soldats dans les granges ou greniers; ayant été reconnu
que la chaleur de ces poêles étoit mal saine & pernicieuse,
lorsqu'on est obligé de mettre beaucoup d'hommes dans la
même chambre, comme cela feroit nécessaire dans des cantonnemens à portée de l'ennemi.

20.

LE Commandant du quartier y aura le premier logement.

21.

LE Commissaire des guerres ayant la police des Troupes
du quartier, y fera logé immédiatement après le Commandant.

22.

Lorsque plusieurs brigades se trouveront dans un même quartier, chaque Brigadier ou Commandant de brigade, aura un logement de préférence dans le canton destiné à sa brigade.

23.

En l'absence du Brigadier, on marquera pour loger son équipage, une maison pareille à celle du Colonel, qui sera choisie pour toute la brigade.

24.

Le logement du Major de brigade, sera le plus près qu'il se pourra de celui du Brigadier.

25.

Le Colonel-commandant & le Colonel en second d'un régiment, auront leur logement de préférence dans le canton de leur régiment.

26.

Le Lieutenant-colonel aura le troisième logement de préférence, après les Colonels; & le Major le quatrième, après le Lieutenant-colonel; le Quartier-maître, l'Adjudant & les Porte-drapeaux, seront toujours logés à portée du Commandant du régiment ou du bataillon, ainsi que les Tambours.

27.

Les Officiers auront attention qu'il ne soit fait aucun tort aux habitans, dans leurs maisons, granges, jardins, clos, vignes & prés, à peine de répondre de tous les dégâts qui pourroient y être faits, même des accidens de feu.

28.

Si le quartier qui sera donné à un bataillon, ne se trouve pas assez grand pour le contenir, de manière qu'on soit obligé d'en détacher quelques compagnies, les deux premières compagnies, & celle des Grenadiers ou de Chasseurs, resteront au quartier principal: Le Capitaine de la troisième compagnie du bataillon, & à son défaut le premier Capitaine

après

205

après lui, ira, avec fa compagnie, commander dans l'autre
quartier; & les autres compagnies tireront au fort leurs
logemens.

29.

LES drapeaux de chaque bataillon, refteront toujours
enfemble avec la première compagnie, quand même, par
le peu d'étendue du quartier, les compagnies auxquelles ils
font attachés feroient obligées de s'en féparer.

30.

LE Capitaine de Grenadiers reftera avec fa compagnie,
dans le quartier principal du bataillon, & ne pourra s'en
retirer ni la quitter, fous prétexte d'aller prendre le commandement d'un autre quartier.

31.

SI le bataillon étoit divifé en de fi petits quartiers, qu'ils
ne puiffent contenir que trois compagnies enfemble, la
première compagnie du bataillon refteroit alors avec la
compagnie de Grenadiers ou celle de Chaffeurs; & le fecond
Capitaine iroit avec fa compagnie, commander dans le
fecond quartier.

32.

L'ÉTAT-major demeurera toujours dans le quartier où
fera la première compagnie.

33.

LES Troupes n'entreront pas dans leurs quartiers, que le
logement n'y foit marqué, & les gardes établies.

34.

LES bans & défenfes feront renouvelés, & il fera tenu
exactement la main à leur exécution.

35.

IL fera indiqué des limites aux Soldats, avec défenfe de
les paffer, fous les peines portées par les Ordonnances
contre les déferteurs.

36.

IL leur fera pareillement défendu de fortir de leurs quartiers

Fff

avec des armes, d'exiger de leurs hôtes le repas de l'arrivée, ou celui du départ, ni aucune autre chose que l'ustensile ordonné.

37.

NUL ne pourra, sous peine de concussion, faire aucune imposition dans le quartier, ni dans le pays, s'il n'y est expressément autorisé par le Général de l'armée.

38.

PERSONNE ne pourra employer à son usage particulier, les chevaux ni les voitures des habitans du quartier où il se trouvera.

39.

LORSQU'IL sera nécessaire d'en faire marcher pour les ordonnances, pour le service des Troupes, ou pour aider quelqu'Officier qui en aura réellement besoin, le Commandant du quartier en donnera l'ordre par écrit: lorsqu'il en sera accordé à quelqu'Officier, ils seront payés au prix marqué au *Titre XXVIII, art. 7.*

40.

LE Commandant du quartier établira une garde pour veiller à la police, & la Communauté du lieu fournira pour cette garde, une ou deux chambres au rez-de-chaussée, sur la place, avec la quantité de bois & de chandelles réglée par les Ordonnances, suivant le nombre d'hommes dont cette garde sera composée: Il sera donné aussi un lieu capable de contenir le piquet; & il lui sera fourni pareillement du bois & de la lumière.

41.

IL désignera un ou plusieurs emplacemens, suivant l'étendue du quartier, pour l'assemblée des Troupes, en cas d'alarme.

42.

SI le quartier se trouve à portée de l'ennemi, & qu'il soit trop étendu, relativement au nombre de ses Troupes, il n'en occupera que la partie la plus susceptible de défense.

207

43.

Il fera fermer tous les chemins & avenues par des chariots dont on attachera les flèches ensemble, de façon qu'elles ne puissent être que difficilement séparées.

44.

Il établira des postes à ces barrières, & autres endroits qu'il jugera nécessaires.

45.

Ces gardes se communiqueront entr'elles par une chaîne de Sentinelles, qu'on aura soin de poster toujours dans des endroits couverts, comme fossés, haies, jardins, &c. & qui observeront avec soin tout ce qui se passera au dehors, & ce qui entrera ou sortira.

46.

Le Commandant du quartier reconnoîtra ensuite en avant ou en arrière du village, une hauteur ou autre position avantageuse, & il y fera construire diligemment une redoute pour soutenir les efforts de l'ennemi, en cas d'attaque, ou pour protéger sa retraite.

47.

Il aura soin de mener les Troupes sur ce terrein, afin que les Officiers & Soldats soient parfaitement instruits du poste qu'ils devront occuper.

48.

Les compagnies de Grenadiers & de Chasseurs, ne feront point d'autre service dans les quartiers, que les détachemens & les patrouilles, à moins qu'il n'y eût quelque poste important où le Commandant jugeât à propos de leur faire monter la garde.

49.

On fera fournir aux gardes qui seront établies aux barrières, redoutes ou autre espèce de postes en dehors du village, du bois pour se chauffer, & quelques perches & travers, avec de la paille, pour y faire des abri-vents.

TITRE XL.

50.

S1 les habitans du lieu ne peuvent fournir le bois nécessaire pour la cuisine des Soldats & pour le feu des gardes, on en fera couper aux Soldats, qui y seront conduits à cet effet avec une escorte armée.

51.

LE Colonel-commandant d'un régiment, & le Colonel en second, le Lieutenant-colonel ou Major, en son absence, en commanderont toutes les compagnies, quoique séparées en différens quartiers.

Le Colonel-commandant du régiment étant présent toutes les fois que les bataillons seront séparés en plusieurs cantonnemens, le Colonel en second restera au premier bataillon; & le Lieutenant-colonel suivra le sort du second, le commandement de ces bataillons leur étant affecté; le Major restera toujours au premier bataillon.

52.

LES plus anciens Capitaines des bataillons, commanderont pareillement toutes les compagnies de leurs bataillons, quoiqu'elles ne soient pas réunies dans un même lieu.

53.

TOUT Capitaine qui se trouvera commander par accident un régiment ou un bataillon, dont les compagnies seront divisées, restera en résidence au quartier de sa compagnie.

54.

IL se fera rendre compte de ce qui se passera dans les autres quartiers du régiment ou bataillon qu'il commandera, & y enverra les ordres qu'il jugera nécessaires pour la discipline générale du corps; sans cependant rien changer aux dispositions qui auront été faites par le Colonel-commandant, le Colonel en second, le Lieutenant-colonel ou le Major.

55.

IL visitera de temps en temps les derniers quartiers, & il commandera dans tous ceux où il se trouvera.

56.

209

56.

LES ordres concernant le régiment ou le bataillon, étant adreſſés au quartier de l'État-major, feront ouverts, en l'abſence du premier Commandant, par le Commandant inférieur qui s'y trouvera, lequel les enverra audit premier Commandant pour pourvoir à leur exécution, à moins qu'ils ne fuſſent preſſés; auquel cas il les fera paſſer tout de fuite à ceux qu'ils concerneront, & en rendra compte auſſitôt au Commandant du régiment ou du bataillon, en quelque quartier qu'il ſe trouve.

57.

LES Majors, quoiqu'attachés au quartier où ſera la pre-mière compagnie de leur régiment, viſiteront fréquemment les autres quartiers, pour veiller à la diſcipline, tenue & exercice des bataillons qui y feront détachés.

58.

L'ÉCONOMIE dans la conſommation des fourrages, étant extrêmement importante, les Commandans des corps & des quartiers feront exécuter avec la plus grande exactitude les inſtructions qui leur feront données à ce ſujet, ſuivant les circonſtances.

59.

IL fera obſervé dans tous les cantonnemens, la même diſcipline qu'au camp; & les Officiers qui y commanderont, feront reſponſables de tous les dégâts & dommages qui pourront s'y commettre.

60.

IL fera envoyé par le Prévôt de l'armée, au quartier du Lieutenant général commandant la diviſion, un certain nombre de Vivandiers du quartier général, qui recevront une ration d'Infanterie par cheval, ſur l'ordre ſigné du Major général, dans lequel fera ſpécifié le nombre de chevaux qu'il leur fera permis d'avoir.

61.

LORSQUE l'armée ſéjournera pluſieurs jours dans ſes

Ggg

cantonnemens, foit à la fin, foit au commencement de la

campagne, les Commandans des régimens feront obferver pour la police & manœuvres, tout ce qui eft prefcrit, *Titre IV, des Cantonnemens d'entrée de campagne.*

62.

QUAND les armées feront envoyées en quartier d'hiver, les Troupes y feront placées conformément à l'ordre de bataille, fans aucune acception de faveur & de préférence ; les Troupes de la droite à la droite, & celles de la gauche à la gauche, &c. & les régimens des mêmes brigades, mis à portée les uns des autres : cette difpofition étant la plus favorable, foit pour opérer l'hiver & entreprendre fur l'ennemi, fi l'occafion s'en préfentoit, foit pour fe raffembler promptement, & s'oppofer aux entreprifes qu'il pourroit former.

TITRE XLI.

Des Revues de la fin de la Campagne.

ARTICLE PREMIER.

AVANT que l'armée fe fépare pour aller dans les cantonnemens ou prendre fes quartiers d'hiver, il fera fait une revue des régimens, par les Officiers généraux que Sa Majefté nommera à cet effet.

2.

ILS fe feront rendre compte de la quantité des recrues dont ils auront befoin, & des mefures qui auront été prifes par les Commandans des régimens pour s'en procurer le nombre néceffaire.

3.

ILS conftateront auffi les effets d'habillement, d'équipement & d'armement qui devront être remplacés.

4.

ILS feront dreffer des états détaillés de tous ces différens objets, ils en laifferont un, qu'ils figneront, aux Commandans

211

des corps, & en prendront un figné d'eux & des Confeils
d'adminiftration, qu'ils enverront au Secrétaire d'État ayant
le département de la guerre.

5.

ILS examineront la tenue des régimens, & s'il a été veillé
pendant la campagne, à la confervation de tous les effets &
uftenfiles que le Roi leur aura fait délivrer avant d'y entrer.

6.

IL fera obfervé par les Troupes lors de ces revues, ce qui
eft prefcrit à l'*article 8 du Titre II, des revues d'entrées en
campagne*.

TITRE XLII.
Des Siéges.

ARTICLE PREMIER.

LES Troupes deftinées à faire un fiége, feront un double
fervice, l'un qui fera le fervice ordinaire de l'armée fe fera
par brigades, qui demeureront formées comme elles l'auront
été depuis le commencement de la campagne; l'autre fervice
fera celui du fiége, & fe fera par régimens commandés chacun
à leur rang.

2.

LORSQUE le Commandant de l'armée aura réglé le
nombre de bataillons qui devront être chaque jour de tranchée,
l'Infanterie employée au fiége, fera partagée en conféquence,
de manière qu'un même bataillon ne monte point une feconde
fois la tranchée que tous les autres ne l'aient montée une fois,
& qu'il y ait autant de régimens deftinés à être chefs de
tranchée, qu'il faudra de jours pour couler à fond toute
l'Infanterie.

3.

L'ANCIEN des régimens commandé pour la tranchée de

chaque jour, fera le chef de tranchée, & les autres régimens, ou bataillons, feront difposés après lui, felon l'ancienneté des corps, fans avoir égard à la brigade dont ils auront été tirés.

4.

LORSQU'IL y aura plufieurs attaques féparées, chaque attaque aura fon régiment chef de tranchée.

5.

LES régimens qui devront monter la tranchée, feront toujours commandés la veille, & ils ne fourniront point de gardes les jours qu'ils feront de tranchée.

6.

LES compagnies de Grenadiers & de Chaffeurs, monteront toujours avec leurs bataillons, & on aura foin qu'elles foient complètes.

7.

ELLES feront encore commandées à leur rang quand leurs bataillons ne feront point de tranchée, foit pour renforcer la tranchée, ou pour les attaques qui feront ordonnées.

8.

A cet effet, les compagnies de Grenadiers & de Chaffeurs, rouleront enfemble pour le fervice des fiéges, de manière que celles d'un même bataillon marchent couplées fuivant le rang qu'elles tiendront dans le régiment.

9.

AUCUN Officier ni Soldat des régimens commandés pour la tranchée, ne pourra fe difpenfer de la monter s'il n'eft réellement malade; à la feule exception de la garde du camp qui y reftera avec le Sergent qui la commandera.

10.

LES Colonels qui ne feront pas Brigadiers, monteront la tranchée avec leur régiment; & s'il arrive que tous les bataillons de leur régiment ne la montent pas en même temps, ils la monteront feulement avec leurs premiers
bataillons;

213

bataillons; & les autres bataillons qui monteront féparément, feront commandés fucceffivement par le Lieutenant-colonel, le Major ou le plus ancien Capitaine du bataillon.

11.

IL fera nommé tous les jours, un ou plufieurs Officiers généraux pour monter la tranchée, le tour recommencera toujours par la tête à chaque fiége. Il fera commandé de même tous les jours, un ou plufieurs Brigadiers; les Colonels ou autres Officiers, qui auront le grade de Brigadier, ne monteront point la tranchée avec leurs régimens, à moins qu'ils ne fe trouvent commandés en même temps à leur rang de Brigadier.

12.

LORSQUE les régimens des Gardes-françoifes & Suiffes monteront la tranchée, il n'y aura pas de Brigadier de tranchée qui ne foit de leur corps.

13.

LORSQUE l'on commencera un fiége, ces régimens monteront la première tranchée; & s'ils joignent l'armée quand le fiége fera commencé; ils relèveront la tranchée le lendemain de leur arrivée, fans attendre que les autres régimens aient achevé leur tour.

14.

SA MAJESTÉ défend aux Officiers généraux & Brigadiers de tranchée, d'y faire pofter des haltes; voulant que fous aucun prétexte perfonne ne quitte fon pofte.

15.

LES Officiers généraux de tranchée en reconnoîtront avec foin tous les débouchés, places d'armes & angles avantageux, afin de déterminer en conféquence l'ordre & la difpofition des Troupes en cas d'attaque.

16.

LE Major du régiment chef de tranchée, fera Major de

H h h

la tranchée ; & en fon abfence, il fera remplacé par le Major du fecond régiment de la tranchée.

17.

LE Major de tranchée en fera le détail quant au fervice des Troupes, pendant les vingt-quatre heures qu'il y fera; & y veillera à l'exacte obfervation de tout ce qui fera ordonné.

18.

IL fera d'avance la vifite de tous les poftes de la tranchée, & les vifitera encore lorfque les Troupes y feront établies pour en prendre l'état, & faire paffer promptement à chacune les ordres des Officiers généraux, à portée defquels il fe tiendra pour les recevoir ; pour cela chaque régiment enverra auprès de l'Officier général, un Officier d'ordonnance: & chaque compagnie de Grenadiers & de Chaffeurs, un Grenadier ou Chaffeur.

19.

LE Major de tranchée fera inftruit par les Officiers généraux, des lieux où ils ordonneront aux Troupes de fe raffembler en cas de fortie, & il aura foin de les en inftruire.

20.

IL fera toujours nommé par le Général, un ou plufieurs Officiers intelligens & actifs ; pour être chargés des détails de la tranchée pendant tout le fiége. Cet Officier fera chargé de recevoir toutes les munitions qui feront apportées à la queue de la tranchée, comme facs à terre, fafcines, claies, gabions & autres dont il tiendra des états.

21.

IL fera délivrer les facs à terre & les outils néceffaires pour les ouvrages, & il aura foin de faire retirer les uns & les autres lorfqu'on n'en fera pas d'ufage.

22.

IL aura auffi foin qu'il y ait toujours des brancards & des gens prêts pour les porter, afin d'aller chercher les bleffés.

215

23.

IL comptera tous les détachemens des Travailleurs lorſqu'ils entreront à la tranchée, & en rendra compte au Major général.

24.

IL lui donnera de même un état des Travailleurs des bataillons de tranchée, que les Officiers généraux de tranchée auront fait employer.

25.

IL donnera des billets pour prendre au dépôt de l'Artillerie les munitions de guerre dont les Troupes de la tranchée auront beſoin.

26.

IL remettra tous les jours au Major général, un état de tous les ordres & certificats qu'il aura donnés, ainſi que l'état des dépôts qui auront été commis à ſes ſoins.

27.

IL remettra pareillement tous les jours au Major général un état par régiment, des morts & des bleſſés.

28.

IL veillera au ſurplus à tout ce qui concerne l'ordre & la règle dans les tranchées, à l'exception néanmoins de la diſpoſition des Troupes qui doit regarder uniquement le Major de la tranchée.

29.

LA tranchée ſera relevée toutes les vingt-quatre heures, ſans que les Troupes puiſſent y demeurer plus long-temps, à moins d'un ordre du Général, auquel cas les nouvelles Troupes de tranchée prendront la queue de celles qui y ſeront déjà.

30.

LE Général ayant fixé l'heure à laquelle on devra monter la tranchée, & le lieu du rendez-vous où les Troupes devront s'aſſembler, elles s'y rendront aſſez à l'avance pour que les

Officiers généraux & le Major général aient le temps d'en faire l'inspection.

31.

LORSQUE les Troupes seront arrivées au rendez-vous, le Major de tranchée les disposera suivant l'ordre dans lequel elles devront occuper la tranchée.

32.

LES compagnies de Grenadiers dont les bataillons monteront la tranchée, seront toujours les premières : elles seront suivies des compagnies de Chasseurs de chaque bataillon, & ensuite des bataillons à leur rang.

33.

LORSQU'IL aura été commandé des compagnies de Grenadiers & Chasseurs auxiliaires, celles des bataillons de tranchée auront toujours le pas sur elles, de quelque régiment qu'elles soient.

34.

LORSQUE le Général jugera à propos de faire monter la tranchée à des détachemens de Carabiniers & de Dragons, ils marcheront après les Grenadiers & Chasseurs.

35.

IL sera formé par chaque bataillon, avant qu'il entre dans la tranchée, deux piquets de huit escouades, dont l'un marchera à la tête, & l'autre à la queue du bataillon, pour être employés & placés au besoin dans les postes, ou aux usages que les Officiers généraux pourroient ordonner. Les piquets seront commandés chacun par un Capitaine & un Lieutenant.

Le reste du bataillon restera formé par compagnie dans l'ordre ordinaire.

36.

LES Officiers premiers à marcher, commanderont ces deux piquets ; mais leur tour de garde ne sera censé fait que quand les piquets auront été employés séparément de leurs bataillons.

37.

LES Tambours seront partagés également à la tête & à la queue

217
queue de chaque bataillon, & il en marchera un feulement
avec chaque piquet qui fera détaché féparément dans le temps
de la tranchée.

38.

CHAQUE bataillon & chaque compagnie de Grenadiers
& de Chaffeurs, enverront, avant l'heure d'être relevés, un
Fufilier d'ordonnance à la queue de la tranchée, pour conduire
les Troupes qui devront les relever.

39.

LE Major de tranchée diftribuera les ordonnances, de forte
que chaque Troupe de la nouvelle tranchée foit conduite en
droiture au pofte qu'elle devra occuper. Quant aux bataillons,
ils fe relèveront l'un l'autre fuivant leur rang.

40.

LORSQUE les nouvelles Troupes de tranchée arriveront,
celles qui devront la defcendre leur céderont le côté le plus
près de l'épaulement.

41.

TOUTES les Troupes, foit en montant, foit en defcendant
la tranchée, marcheront tambour battant & drapeau déployé,
portant le fufil fur l'épaule jufqu'au lieu où elles devront
commencer à défiler, où ayant mis la bayonnette au bout
du fufil & ôté les couvre-platines, elles porteront l'arme au
bras.

42.

LORSQUE les Troupes auront pris leur pofte dans la
tranchée, les Porte-drapeaux planteront leurs drapeaux fur
l'épaulement, & on mettra des Sentinelles de diftance en
diftance. Il fera configné à ces Sentinelles d'avertir de ce
qu'ils pourront voir fortir de la place, & des bombes qui
en partiront.

43.

ON placera fur l'épaulement de la tranchée, des facs-
à-terre pour couvrir lefdites Sentinelles.

44.

LES Officiers feront travailler chaque Soldat, dans fon terrein, à élargir la tranchée & à épaiffir l'épaulement, pour s'y mettre à couvert du feu de la place.

45.

ON ne rendra dans la tranchée aucuns honneurs à qui que ce foit, & lorfque le Général de l'armée ou les Officiers généraux de tranchée la vifiteront, les Soldats fe tiendront feulement debout, l'arme au bras faifant face à l'épaulement, & prêts à monter fur la banquette, & l'Officier fera debout près d'eux, le fufil fur le bras droit.

46.

LORSQUE les Troupes fortiront de la tranchée, elles marcheront en colonne renverfée, le dernier bataillon marchant le premier, & la compagnie de Grenadiers du premier régiment de la tranchée faifant l'arrière-garde de tout.

47.

LES Troupes étant hors de la tranchée, les Commandans des bataillons leur feront faire halte pour les raffembler, & donner le temps à leurs piquets détachés, & à leurs compagnies de Grenadiers & Chaffeurs, de les rejoindre.

48.

LESDITS Commandans de bataillon, examineront s'il ne manque perfonne, & lorfque leur Troupe fera en état, ils la ramèneront en bon ordre au camp, fans permettre que perfonne s'en fépare pour y aller à l'avance.

49.

L'INFANTERIE fera le nombre de gabions, de claies & de fafcines qui fera ordonné.

50.

LES gabions & les claies qui feront fournis à la queue de la tranchée, feront payés au prix qui aura été réglé fur les reçus qui en feront donnés par l'Officier chargé du

219

détail de la tranchée, visés de l'Ingénieur préposé pour les
recevoir, auquel il sera expressément enjoint de rebuter tous TIT. XLII.
ceux qui ne seront pas bien faits, & dans les proportions
ordonnées.

§ 1.

LES gabions seront de trois pieds de haut, y compris le
bout des piquets qui devra entrer en terre; ils auront deux
pieds & demi de diamètre, & ils seront formés de neuf
piquets chacun de deux pouces & demi de tour, entrelassés
des mêmes branchages effeuillés, avec lesquels ils seront
également serrés par le haut & par le bas, pour qu'ils ne
s'évasent pas plus d'un bout que de l'autre.

§ 2.

LES claies auront six pieds de long sur trois pieds de
large, & seront faites de neuf piquets de deux pouces &
demi à trois pouces de circonférence, espacés également
entre eux, & entrelassés de branchages plus forts que ceux qui
devront être employés pour les gabions.

§ 3.

LES fascines auront six pieds de long sur dix pouces de
diamètre, elles seront faites avec des branchages, dont on
recroisera les petits brins; elles seront liées avec des harts
en trois endroits différens; & on lardera dans chaque fascine
trois piquets, chacun de trois pieds de long sur deux à trois
pouces de diamètre.

§ 4.

LES bataillons auront toujours à la tête de leur camp une
quantité réglée de fascines, qu'ils remplaceront à mesure
qu'elle se consommera.

§ 5.

LES Commandans des corps seront chargés de veiller
à ce que les bois de tranchée soient faits suivant les dimensions ordonnées, & ils seront responsables de ceux qui seront
mal faits; l'inattention sur ce point étant très-préjudiciable
au service des sièges.

56.

TOUT Soldat allant à la tranchée, soit pour la monter, soit pour y travailler, prendra, en partant de son camp, une fascine qu'il laissera au dépôt de la queue de la tranchée avant d'y entrer.

57.

LES gardes des Travailleurs, armés ou non armés, de jour ou de nuit, soit devant ou dans une place assiégée, seront commandés par un tour particulier, commençant par la tête; les Majors auront soin d'en conserver le contrôle, afin de continuer ce tour au siége suivant, quelque mouvement que les régimens fassent, même d'une guerre à l'autre.

58.

LES Officiers absens, reprendront leur tour de service aux Travailleurs, à l'exception de ceux qui auront été pris les armes à la main par les ennemis, lesquels seront dispensés de reprendre les tours qu'ils auront passés, jusqu'au temps de leur échange, & de ceux qui auront été blessés, lesquels ne reprendront point non plus les tours qu'ils auront passés la première année de leur blessure, si pendant ce temps elle les a empêchés de faire aucune autre fonction de leur état.

59.

LES détachemens des Travailleurs, seront de tel nombre d'escouades qu'on jugera à propos de demander, & composés & commandés, ainsi qu'il a été dit au *Titre XVI*, pour les diverses espèces de détachemens armés.

60.

CES détachemens seront commandés par régiment, suivant leur rang d'ancienneté, & de façon que tous les bataillons fournissent également.

61.

LES régimens qui seront de tranchée, qui la descendront ou qui devront la monter le lendemain, ne fourniront point de Travailleurs; mais ils ne devront pas moins reprendre

leur

221

leur tour dans la fuite du fiége, & tenir compte de ceux
qu'ils auroient dû fournir ces jours-là.

62.

LE nombre des Travailleurs commandés, fera fourni exactement, ils feront conduits par un Officier-major de chaque
régiment au rendez-vous, où les Officiers généraux & le
Major général les verront quand ils le jugeront à propos;
& l'Officier prépofé pour le détail du fiége les verra entrer
à la tranchée & les comptera.

63.

LES Travailleurs entrant à la tranchée, les Capitaines
marcheront chacun à la tête de leur détachement, & les
Lieutenans & Sous-lieutenans au centre & à la queue. On
fera prendre à chaque Travailleur une pelle, une pioche &
une fafcine au dépôt; & s'ils font armés ils y laifferont leurs
armes avec un Soldat pour les garder.

64.

LES Officiers & Sergens détachés avec les Travailleurs,
prendront chacun au dépôt de la tranchée en y arrivant,
un pot en tête & une cuiraffe; & les Officiers généraux de
tranchée ne fouffriront pas que ces Officiers & Sergens fe
difpenfent jamais de prendre ces armes.

65.

CHAQUE Commandant d'efcouade fera chargé de faire
travailler & contenir les Soldats qui la compofent; les Sergens
veilleront fur deux efcouades, & les Officiers fur la totalité;
mais le Capitaine plus particulièrement fur la première divifion, & le Lieutenant fur la feconde.

66.

LES Travailleurs marcheront dans le plus grand filence,
& fe fuivront de fort près, quand les Ingénieurs les placeront.

67.

LES Officiers qui les commanderont, fe tiendront avec

K k k

leurs détachemens où les Ingénieurs les auront placés, & observeront exactement ce qui leur aura été prescrit par eux.

68.

LORSQUE le travail fera établi, ils fe promèneront continuellement le long de leur détachement, pour faire travailler les Soldats, les obligeant à s'enterrer promptement, & à mettre enfuite leur ouvrage au meilleur état poffible.

69.

LES Officiers des détachemens qui foutiendront les Travailleurs, feront affeoir les Soldats, les empêchant de quitter leur fufil, qu'ils leur feront tenir devant eux, la croffe appuyée à terre.

70.

LES poftes avancés de ces détachemens, qui feront commandés par des bas Officiers, refteront couchés à terre jufqu'à ce que la tranchée foit affez profonde pour couvrir un homme jufqu'à la ceinture.

Alors les détachemens, ainfi que leurs poftes avancés, fe retireront dans la tranchée, pour occuper la tête de l'ouvrage qui aura été fait.

71.

DANS les fapes, batteries & autres lieux à portée des dépôts de poudre, il ne fera permis à aucun Soldat de fumer.

72.

EN cas de fortie, les Travailleurs fe retireront promptement dans quelque partie de la tranchée, où ils ne puiffent pas embarraffer les Troupes, & par préférence dans les lieux où ils auront dépofé leurs armes.

73.

LES Troupes fortiront diligemment de la tranchée pour fe porter aux places d'armes, batteries, angles & débouchés qui leur auront été défignés, d'où elles pourront la défendre plus avantageufement & prendre les ennemis à revers, & en

223

flanc; devant éviter fur toutes chofes d'occuper la banquette
pour défendre l'épaulement, & devant toujours fe placer fur
le revers de la tranchée.

74.

PENDANT la fortie, toutes les batteries fe dirigeront fur le
front de l'attaque pour en écarter les affiégés.

75.

LORSQUE les Troupes auront repouffé l'ennemi, elles
obferveront de ne pas le pourfuivre, & attendront les ordres
des Officiers généraux pour reprendre leurs poftes dans la
tranchée.

76.

AUSSITÔT que l'attaque fera finie, les Officiers de Travailleurs, ramèneront promptement leurs détachemens au
travail, & ils en feront l'appel pour connoître ceux qui
manqueront & les faire punir en rentrant au camp.

77.

L'HEURE de retirer les Travailleurs étant venue, les détachemens retourneront au camp en bon ordre, & les Officiers
à leur retour rendront compte au Commandant du régiment
de la manière dont les Soldats fe feront comportés.

78.

LES Travailleurs de tranchée qui auront été commandés à
l'ordre, feront payés de leur travail fur le certificat des Ingénieurs qui les auront employés; & l'argent leur fera donné
en rentrant au camp, fans qu'il puiffe leur être fait aucune
retenue, fous quelque prétexte que ce foit. Les Majors avanceront cet argent le premier jour, & il leur fera remis fur
le champ par le Tréforier de l'armée ou de l'Artillerie.

79.

QUAND les Officiers généraux de tranchée auront employé
des Travailleurs d'augmentation, pris dans les bataillons de
tranchée, les Ingénieurs leur donneront des billets certifiés
defdits Officiers généraux.

80.

CES billets feront préfentés à l'Officier chargé de faire le détail de la tranchée, qui en rendra compte au Major général, afin qu'il comprenne ces Travailleurs fur l'état qu'il en doit former, & que lefdits Travailleurs foient payés fur cet état, en rapportant lefdits billets certifiés.

81.

LES certificats & billets ci - deffus énoncés, feront remis à chaque détachement lorfqu'il fortira de la tranchée.

82.

S'IL arrive qu'un détachement de Travailleurs n'ait pas été fourni complet, il ne fera pas donné de certificat à l'Officier; & cependant comme il eft jufte que les Soldats qui auront été réellement employés reçoivent la récompenfe de leur travail, le Commandant du régiment aura foin de les faire payer moitié fur les appointemens du Major du régiment, & moitié fur ceux du Capitaine qui aura marché avec le détachement compofé d'un moindre nombre d'hommes que celui qui aura été ordonné.

83.

OUTRE les Travailleurs de tranchée, il y aura tous les jours un nombre fuffifant de petits détachemens de deux efcouades chacun, commandés par un Sergent, qui feront pendant vingt-quatre heures aux ordres de l'Officier prépofé au détail du fiége.

84.

CET Officier les emploiera à raffembler les outils, à faire les différentes diftributions, à aller avec les brancards, & les rapporter au petit hôpital, qui fera établi à la queue de la tranchée.

85.

CES Travailleurs feront fournis par tous les bataillons de l'armée, chacun à fon rang, ainfi que les Travailleurs de tranchée, & feront payés fur les états arrétés par le Major général.

225

86.

IL fera fourni aux fiéges, quand il en fera befoin, des Travailleurs détachés des bataillons de la ligne, pour aider à la conftruction des batteries de canons & de mortiers; d'autres pour le fervice des fapes, & d'autres encore pour le fervice des mines : ces Travailleurs feront payés au prix réglé par l'Artillerie.

87.

SI le Général juge à propos d'affecter quelques régimens ou bataillons pour ce fervice, ces régimens ou bataillons feront difpenfés de faire tout autre fervice pour le fiége, que celui de monter la tranchée à leur tour; ce qui n'empêchera pas que leurs compagnies de Grenadiers & de Chaffeurs ne fourniffent à leur rang, ainfi que les compagnies de Grenadiers & de Chaffeurs des autres régimens, les Grenadiers & Chaffeurs auxiliaires dont on jugera à propos d'augmenter la tranchée.

88.

LORSQU'IL fera tiré des Travailleurs, à quelques travaux que ce foit du fiége, la paye defdits Travailleurs fera répartie entre les Soldats des détachemens dont ils faifoient partie.

89.

DÈS le commencement de chaque fiége, il y aura deux Sergens affectés pour demeurer pendant tout le temps de fa durée auprès du Commandant des Ingénieurs, un autre auprès de l'Ingénieur chargé du détail de la tranchée, & deux autres à chaque brigade d'Ingénieur; & ces Sergens ne feront pas d'autre fervice.

Ils feront payés fur le certificat du Major du Génie.

90.

LORSQU'UNE place fera prife d'affaut, les Officiers

L II

contiendront leurs Soldats, & empêcheront qu'ils ne se disperfent pour piller, & fur-tout ne faffent aucun tort ni violence dans les églifes ou monaftères d'hommes ou de filles, fous peine de la vie.

91.

COMME il eft cependant jufte que la ville qui fe laiffe prendre d'affaut, fe rachette du pillage, il fera réglé par le Général la fomme qu'elle devra payer, & elle fera répartie fur le champ aux Troupes qui l'auront emportée.

92.

LES blés, vins & autres munitions de bouche ou de guerre, qui fe trouveront dans les villes prifes d'affaut, feront réfervés pour les magafins de l'armée, & remis à ceux qui auront été chargés d'en faire la recherche; & le Tréfor appartenant au Prince à qui appartiendra la place, ou aux Troupes qui la défendoient, fera confervé, & mis entre les mains du Tréforier de l'armée.

TITRE XLIII.

Des Camps de Paix & d'Exercices.

ARTICLE PREMIER.

LES Troupes fe conformeront fur tous les points de fervice, de difcipline & police, à ce qui eft prefcrit dans le préfent Règlement pour lefdites armées.

2.

A l'arrivée des Troupes au camp, on fera battre des bans pour publier les mêmes défenfes concernant la chaffe, la pêche, les jeux & autres qui doivent être faites dans les camps de guerre, auxquelles on ajoutera celles qui feront ordonnées par le Général commandant le camp.

227

3.

Les Colonels & Commandans des corps, ne pourront permettre à aucun Soldat de passer les gardes ordinaires du camp, sans des congés approuvés du Général, & visés par le Major général de l'Infanterie.

4.

S'il arrivoit qu'on arrêtât, aux environs du camp, quelque Soldat qui eût découché sans que son Capitaine en eût averti, le Capitaine sera mis en prison, & payera le désordre fait par le Soldat arrêté.

5.

En arrivant au camp, les Officiers des compagnies retireront toutes les balles & autres plombs que les Soldats pourront avoir, n'étant permis à aucun d'eux d'en avoir d'autre que celui qui sera donné pour monter la garde.

6.

Lorsqu'on assemblera les détachemens destinés pour les gardes du camp, des magasins & des prisonniers, les Fourriers des compagnies donneront trois balles à chaque Soldat commandé pour lesdites gardes, & auront l'attention la plus exacte de les retirer au retour du détachement.

7.

Il sera défendu à tous les Marchands du quartier général, à ceux des villes & villages des environs, de vendre aucune sorte de plomb aux Soldats, ni même aux Valets des Troupes, à peine de *cent livres d'amende.*

8.

Le Prévôt du camp veillera à la police & discipline; ainsi qu'il a été ordonné pour les armées; & les Prévôts & autres Officiers de Maréchaussées, dont les résidences seront dans le voisinage, y concourront avec lui en arrêtant tous les Soldats qu'ils rencontreront hors des gardes, ou faisant du désordre.

9.

LES Maire, Échevins & habitans des villes & lieux qui seront dans les environs des camps, feront de même arrêter & mettre en prison tous les Soldats qui s'y présenteront, & en donneront avis au Prévôt du camp, qui les enverra prendre.

10.

LES camps de paix ayant particulièrement pour but l'instruction des Officiers, & les manœuvres générales; il n'y sera jamais exercé moins d'un bataillon à la fois.

11.

IL n'y sera pareillement fait aucun exercice de détail ou de classes; les Soldats ayant dû être instruits de tous les principes dans les garnisons & quartiers, & aucun régiment ne devant être admis auxdits camps, qu'il ne soit parfaitement instruit & dressé.

12.

LES régimens y seront pareillement habitués à tendre & détendre promptement leur camp; à se former de même en bataille; à faire des marches vives, & arriver au bout de quelques heures & sans traîneurs; à passer rapidement un bois, ravin ou défilé, & à se reformer de même; à ne faire enfin que les manœuvres & les mouvemens qui se présentent le plus souvent à la guerre.

13.

LORSQUE les régimens auront été exercés ainsi pendant quelques jours, toute l'Infanterie du camp exécutera des ordres de marches & de bataille; les Officiers généraux formeront les colonnes, les conduiront, feront observer les distances entr'elles, & les déploieront au premier signal, pour se mettre en bataille sur le front ou sur les flancs, dans tous les ordres que le Général jugera à propos de former.

14. IL

229

14.

Il fera fait enfuite, des détachemens, fourrages, convois, &c. avec les mêmes précautions qu'à la guerre; les Officiers fupérieurs qui les commanderont étant feulement inftruits par le Commandant du camp, de l'objet propofé, & reftant abfolument maîtres des difpofitions à faire pour leur exécution, afin de montrer s'ils en font capables; le Général leur fera connoître en quoi ils pourroient avoir manqué, & fera rectifier celles qui auroient été mauvaifes ou mal exécutées.

15.

Si un régiment ne paroiffoit pas, pendant la durée du camp, apporter affez de célérité, d'ordre & de filence dans fes manœuvres, s'il n'étoit pas parfaitement inftruit de tous les détails & principes d'inftruction, ou qu'il fe fût écarté de ceux prefcrits par les règlemens de Sa Majefté, fur l'exercice & les manœuvres, lorfque les Troupes fe fépareront, le Commandant du camp en avertira le Commandant dudit régiment, pour qu'en rentrant dans fes quartiers, il y foit appliqué fans relâche.

R

SÉ

www.ingramcontent.com/pod-product-compliance
Lightning Source LLC
Chambersburg PA
CBHW061014280326
41935CB00009B/961